# CRÍTICAS AO VALE DE LÁGRIMAS: REFLEXÕES SOBRE ÁLVARO VIEIRA PINTO

## UEPB

**Universidade Estadual da Paraíba**
Profª. Célia Regina Diniz | *Reitora*
Profª. Ivonildes da Silva Fonseca | *Vice-Reitora*

### eduepb

Editora da Universidade Estadual da Paraíba
Cidoval Morais de Sousa | *Diretor*

**Conselho Editorial**
Alessandra Ximenes da Silva (UEPB)
Alberto Soares de Melo (UEPB)
Antonio Roberto Faustino da Costa (UEPB)
José Etham de Lucena Barbosa (UEPB)
José Luciano Albino Barbosa (UEPB)
Melânia Nóbrega Pereira de Farias (UEPB)
Patrícia Cristina de Aragão (UEPB)

Editora indexada no SciELO desde 2012    Editora filiada a ABEU

**EDITORA DA UNIVERSIDADE ESTADUAL DA PARAÍBA**
Rua Baraúnas, 351 - Bairro Universitário - Campina Grande-PB - CEP 58429-500
Fone: (83) 3315-3381 - http://eduepb.uepb.edu.br - email: eduepb@uepb.edu.br

**Dauto João da Silveira**
*Organizador*

# CRÍTICAS AO VALE DE LÁGRIMAS: REFLEXÕES SOBRE ÁLVARO VIEIRA PINTO

Campina Grande - PB | 2024

**Editora da Universidade Estadual da Paraíba**
Cidoval Morais de Sousa (*Diretor*)

**Expediente EDUEPB**

*Design Gráfico e Editoração*
Erick Ferreira Cabral
Jefferson Ricardo Lima A. Nunes
Leonardo Ramos Araujo

*Revisão Linguística e Normalização*
Antonio de Brito Freire
Elizete Amaral de Medeiros

*Assessoria Técnica*
Carlos Alberto de Araujo Nacre
Thaise Cabral Arruda
Walter Vasconcelos

*Divulgação*
Danielle Correia Gomes

*Comunicação*
Efigênio Moura

Dados Internacionais de Catalogação na Publicação (CIP) (Câmara Brasileira do Livro, SP, Brasil)

Críticas ao vale de lágrimas : reflexões sobre Álvaro Vieira Pinto / organização Dauto João da Silveira. -- São Paulo : LF Editorial ; Campina Grande, PB : EDUEPB, 2024.

Vários autores.
Bibliografia.
ISBN 978-65-5563-453-2
ISBN 978-85-7879-934-2 (EDUEPB)

1. Filosofia 2. Economia política 3. Sociedade 4. Pinto, Álvaro Vieira, 1909-1987 I. Silveira, DautoJoão da.

24-206601 CDD-101

Índices para catálogo sistemático:

1. Filosofia e sociedade 101

Eliane de Freitas Leite - Bibliotecária - CRB 8/8415

Copyright © **EDUEPB**

*A reprodução não-autorizada desta publicação, por qualquer meio, seja total ou parcial, constitui violação da Lei nº 9.610/98.*

# AGRADECIMENTOS

Gostaria de agradecer ao diretor da Editora da Universidade Estadual de Paraíba, Prof. Cidoval Morais de Sousa, leitor atento de Álvaro Vieira Pinto, pelo convite que me fez para organizar o presente livro.

Agradeço, também, ao artista e arquiteto Marcelo Cabral Vaz que, de forma sensível e solidária, criou o desenho presente na capa do livro.

# SUMÁRIO

1. Apresentação, 9

2. Reflexões sobre a Revolução brasileira em Álvaro Vieira Pinto, 13
*Dauto João da Silveira*

3. Notas Introdutórias ao materialismo dialético de Álvaro Vieira Pinto, 37
*Marcos Dantas*
*Marco Schneider*

4. Álvaro Vieira Pinto: Pensador Brasileiro da Democracia, 81
*Renato Martini*

5. Álvaro Vieira Pinto, Pensador do Brasil e a Questão Nacional sob o viés do Direito e da Justiça, 101
*Enoque Feitosa*

6. Economia Política da Ciência, Tecnologia e Inovação: contribuições de Álvaro Veira Pinto e TheotÔnio dos Santos, 139
*Marcos Aurelio Neves*

**7. Concepção de Homem, Trabalho, Cultura e Educação em Álvaro Vieira Pinto, 167**
*Wanderley Amboni*

**8. Sobre a publicação de *"Filosofía Actual"*: Algumas considerações e condicionantes sobre os direitos autorais e a obra de Álvaro Borges Vieira Pinto (1909-1987), 201**
*Luiz Ernesto Merkle*
*Rodrigo Freese Gonzatto*
*Mateus Filipe de Lima Pelanda*

**Apêndice A, 239**

**Sobre os autores, 249**

# 1.
## APRESENTAÇÃO

Vieira Pinto é um desconhecido singular nas universidades do Brasil. Não é difícil perceber que tal desconhecimento é produto do descompasso entre o *ethos acadêmico* e o Brasil entranhado. É deletério desconhecer o seu próprio país (diria Cascudo). A vida acadêmica, no nosso país, é precisamente uma atividade permanente de abandono dos intelectuais revolucionários profundamente vinculados à emancipação nacional. Sabemos muito bem que não é algo simples e, às vezes, pode parecer doutrinário tal afirmação, mas os exemplos estão aos quatro cantos; brotam no chão; é *fogo vivo*. Tal situação não pode ser comparada à vida de intelectual público que exercera Vieira Pinto, especialmente depois de 1953. Quando regressou do Chile, em 1968, no Rio de Janeiro, forçado a viver em uma solidão intelectual, jamais esqueceu a atividade permanente de crítica ao subdesenvolvimento. Arrisco a dizer que a sua passagem pela Bolívia, Paraguai e Chile aprofundaram o seu grau de engajamento político contra a miséria do *Vale de Lágrimas* que ainda nos assola. Entre 1970 e 1980, solidão e atividade intelectual; eis o caminho da crítica. Alguns comentadores afirmam que Vieira Pinto vivia uma espécie de tormento diante dos militares; uma paralisia diante dos estudos. Trata-se de um erro. Os seus trabalhos revelam exatamente o contrário.

Algo, radicalmente, distinto viveu a acadêmica feminista Márcia Tiburi, autoexilada, depois que eclodiu, entre nós, fruto da crise degenerada do sistema político brasileiro, o ex-presidente

Jair Bolsonaro. Segura de que vivíamos em um *regime fascista*, quando estávamos, é certo, diante de um presidente protofascista, se autoexilou em Paris, a viver de atividades lúdicas, artísticas e textuais. O abismo entre o autoexílio em Paris e a maioria do povo brasileiro, que sofre e pensa, era realmente imenso; como também era imenso o abismo entre o que escrevia e falava e pintava e o que deveria ser dito para superar o subdesenvolvimento brasileiro. O protofascista Bolsonaro conservou a máquina liberal executando o mesmo sistema democrático que embalou os treze anos[1] dos governos petistas. A profunda guerra de classes decretada pela classe dominante em 2015, ainda diante do governo Dilma, já demonstrava a tragédia do que teríamos pela frente. É fácil saber que há os que sofrem e pensam e há os que sofrem ameaças, pessoas simples e intelectuais, professores e escritores, etc; mas o autoexílio, nesse caso em particular, é um instrumento ideológico, de fuga e de negação do estado de violência brasileiro. O autoexílio da acadêmica não é proporcionalmente inverso à liberdade dos acadêmicos das universidades do Brasil. Bolsonaro não só manteve os acadêmicos na sua mesma tranquilidade enfadonha - circunscritos aos seus departamentos e programas de pós-graduação e às suas exitosas atividades de transformar indivíduos isoladamente - na sua liberdade de cátedra e de crítica (ainda que a maioria não a pratique), como também aceitou as mesmas regras do jogo universitário. Aqui no Brasil e lá em Paris ambos deram o tom de como atuar a favor do sistema político, do marasmo acadêmico e do reforço às universidades, enquanto peça do dispositivo de dominação burguesa. Dessa forma, pois, os acadêmicos realizam atividades

---

[1] A presidente Dilma Roussef foi afastada pelo senado em 12 de maio de 2016 e o vice-presidente Michel Temer assumiu interinamente. Em 31 de agosto de 2016 ela foi oficialmente destituída do governo.

acadêmico-científicas, voltadas ao fortalecimento da ordem liberal e os homens da ciência pública, voltados ao saber emancipatório, realizam atividades político-científicas. Há muita diferença nessas duas figuras.

Vieira Pinto (2020, p. 250), ainda no Chile, nos alertou que o cientista deve se "incorporar à luta geral que as forças sociais mais esclarecidas travam para destruir os obstáculos que mantém a situação de dependência". O alerta não é só valioso; é decisivo para um país em que as universidades aprofundam o seu grau de alienação cultural (como ele gostava de atribuir).

O presente livro, **Crítica ao Vale de Lágrimas**, ainda que escrito por pesquisadores de diferentes matizes teóricas, todos, estou seguro disso, comprometidos com a extraordinária obra de Vieira Pinto, é uma singela contribuição aos rumos das reflexões sobre o autor. Até onde alcança o nosso conhecimento, trata-se do primeiro livro sobre ele nessa modalidade. É o primeiro volume de outros que virão. As contradições do nosso tempo, cada dia mais autorreveladoras, ditarão o ritmo.

O primeiro capítulo do livro, de nossa autoria, tem como pedra de toque o conceito de revolução em Vieira Pinto. O tema é relevante, em razão do caráter ideológico de alguns trabalhos que, quando não negam, fingem não existir uma teoria da revolução no autor. Já no artigo "Notas Introdutórios sobre o materialismo dialético em Vieira Pinto" o pesquisador apresenta o fecundo debate de meados do século XX sobre ciência, tecnologia e socie- dade à luz do materialismo dialético. O artigo "Álvaro Vieira Pinto: o pensador brasileiro da democracia" versa sobre os limi- tes da democracia liberal e propõe estabelecer uma linha crítica considerando a imensa contribuição do isebiano ao tema. Já no texto "Álvaro Vieira Pinto: pensador do Brasil e a questão nacional sob o viés do direito e da justiça" encontraremos uma discussão que apresenta a visão do autor sobre questões de justiça "e, por consequência (mesmo por via indireta) sua incidência no direito produzido e como tais aspectos se expressaram no pensamento do filósofo isebiano", como diz o autor.

O artigo "Economia política da ciência, tecnologia e inovação: contribuições de Álvaro Vieira Pinto e Theotônio dos Santos", versa sobre algo recorrente nos estudos de Vieira Pinto: ciência, tecnologia e inovação, mas o autor, afirma que Vieira Pinto e Theotônio dos Santos, são decisivos nesse debate, porquanto aproximam da economia política. No artigo "Concepção de homem, trabalho, cultura e educação em Álvaro Vieira Pinto", o autor se debruça a explicar a compreensão de AVP sobre a formação humana pelo trabalho, pressupondo que a singularidade da vida cria o mundo humano e suas manifestações culturais, tal como afirma. O último texto "Sobre a publicação da 'Filosofia Actual': algumas considerações e condicionamentos sobre os direitos autorais e a obra de Álvaro Borges Vieira Pinto (1909 1987)", busca jogar luz sobre os direitos autorais da obra do autor, além de fazer um resgate das legalidades e publicações da grande obra de Vieira Pinto.

# 2.
# REFLEXÕES SOBRE A REVOLUÇÃO BRASILEIRA EM ÁLVARO VIEIRA PINTO

*Dauto João da Silveira*[2]

A vitória da democracia liberal em 1988, de um lado, foi precisamente a derrota dos intelectuais da revolução brasileira. Enganam-se aqueles que acreditam que a redemocratização liquidou tão somente o regime militar. Se é verdade que ditadura e democracia liberal caminham de mãos dadas pelas avenidas do Estado capitalista (como nos ensinou Florestan Fernandes), é fácil aceitar que a redemocratização liquidou o espirito revolucionário de pré-1964. É possível dizer, ao mesmo tempo, que o abandono dos intelectuais revolucionários, nos dias que correm, em larga medida, guarda íntima relação com a mudança acima. De outro forma, embora proscritos das universidades, dos partidos políticos e movimentos sociais e das organizações políticas de todo tipo, a redemocratização, dialeticamente, não deixou de anunciar a vitória dos teóricos da revolução brasileira, na medida em que

---

2     Doutor em Sociologia e Pós-doutor em Tecnologia e Sociedade.

a democracia liberal se mostra incapaz de superar as profundas contradições sociais a que estamos submetidos. Em não havendo nenhuma outra possibilidade de superarmos tais contradições, fora de um processo revolucionário, eis a vitória dos revolucionários.

Desse modo, pois, resgatar esses teóricos é, ao mesmo tempo, cumprir um papel decisivo para a explosão do espírito revolucionário em *fogo baixo* no período recente. Por essa razão, combater todos os autores que sequestram de Álvaro Vieira Pinto[3] o horizonte revolucionário, como fazem os decoloniais, é uma tarefa imprescindível para se defender a revolução social no Brasil.

O modo eficaz de perceber a força intelectual de um autor é observar o grau de importância que dá às principais contradições sociais do seu tempo e às saídas emancipatórias que oferece. Nada mais vulgar do que a fuga do real. Não é difícil constatar que Vieira Pinto foi um revolucionário marxista e como tal, inferiu, como poucos, os elementos históricos centrais da vida nacional.

Ele é decisivo para se entender o Brasil. Sua enorme e valiosa obra sobre temas candentes à emancipação do país, segue no mais profundo desconhecimento dos acadêmicos e intelectuais. Basta, tão somente, observar o currículo dos cursos de Engenharia, Sociologia, Educação e Filosofia ou, ainda, as pesquisas e artigos publicados pelos nossos colegas acadêmicos das universidades do Brasil. Ele é pouco conhecido no ambiente e desconhecido fora dela: os desafios, portanto são imensos. Todavia, não basta conhecê-lo, é necessário apreender intimamente as suas teses e reflexões; só assim conseguiremos fugir das armadilhas explicativas fáceis e de esquemas alienantes e fraudulentos, como por exemplo os que são feitos pelos decoloniais. Até mesmo os educadores e pedagogos,

---

3    De agora em diante usaremos Vieira Pinto ou AVP.

seguidores de Paulo Freire (a quem o tinha como mestre), quando destacam as suas teses ocultam o caráter revolucionário do autor e ficam em um fetiche sem-tamanho entre mestre e discípulo e consciência e processo pedagógico. Conhecê-lo de modo equivocado é ao mesmo tempo desconhecê-lo.

O objetivo do nosso ensaio é mostrar a teoria da revolução nacional em Vieira Pinto. Trata-se, não é exagero dizer, de um trabalho em andamento, ou seja, são as primeiras exposições da nossa pesquisa em curso. O espírito do ensaio será lançado nesse livro, mas só manifestar-se-á, integralmente, em trabalhos futuros[4]. A descoberta do autor, ainda que de modo muito incipiente, tem trazido boas reflexões, como também boas falsificações. As mais grosseiras têm sido realizadas pelos decoloniais a ponto de afirmarem coisas que ele jamais escreveu.

Não será nosso objetivo, nesse momento, fazer uma ampla abordagem das teses decoloniais: isso deixaremos ao porvir, como afirmamos há pouco; queremos tão somente mostrar que aqui no Brasil temos visto alguns textos sublinhando a tese de que as reflexões de Vieira Pinto convergem com as de autores decolonais. Mais grave do que isso é afirmação segundo a qual o revolucionário brasileiro é o precursor do decolonialsimo. Ela é realmente assustadora. Para o objetivo do nosso ensaio, tais afirmações são revestidas de importância já que se revelam antirrevolucionárias, portanto, nada oferecem ao exercício científico; não há outro caminho, estamos certos, do que submetê-las à crítica inescrupulosa ao que está posto.

Ao mesmo tempo, não seremos o protetor divino do autor ou os defensores que abandonam a crítica em nome da santificação

---

4    Estamos a nos referir ao livro que lançaremos em 2024 sobre a pesquisa de pós-doutoramento recentemente finalizada.

do seu guru. O próprio Vieira Pinto já alertara que a crítica deve ser objeto da crítica. O que queremos dizer é que a singela descoberta do autor na última década tem revelado trabalhos de variadas temáticas, mas raramente se vê trabalhos que o aproxime do marxismo e da revolução nacional. Os decoloniais cumprem uma função alienante, já que forjam conscientemente um cenário teórico, em que as peças categoriais ora se encaixam de modo forçado e ora desajustado, a formar um mosaico aleatório sobre o autor.

## O decolonial enquanto antirrevolucionário

O coletivo decolonal tem as suas raízes fincadas no academicismo estadunidense, mais precisamente no Grupo Latino-americano de Estudos Subalternos que visava inserir a América Latina no debate pós-colonial. Ele, e a sua proposta de *Giro*, são criações do Grupo Modernidade e Colonialidade (GMC), que por sua vez, é resultado do rompimento de alguns acadêmicos que não concordavam com o tratamento dado, especialmente, aos seguintes temas: subalternidade, imperialismo e a epistemologia. Segundo Grosfoguel o principal motivo do raxa foi o que veio opor os que consideravam a subalternidade uma crítica pós-moderna àqueles que viam uma crítica descolonial. Desse rompimento ganhava força o GMC e sua inclinação aos estudos sobre América Latina a partir de autores não mais eurocêntricos; a pretensão era de tratar a América Latina na perspectiva da colonialidade do poder, ou seja, tratar o colonialismo enquanto traço insuperável dos países subdesenvolvidos e dependentes.

Não é difícil perceber que subdesenvolvimento e dependência recebem um tratamento peculiar dos decoloniais, aliás, a dependência é uma característica ocultada, em grande medida, nas suas análises: o colonialismo, diante disso, representa aos decoloniais o que o pecado original representa aos cristãos. Como se as posições dos países latino-americanos na divisão internacional do trabalho nada significassem às suas economias. Mas, efetivamente, a colonialidade do poder pode ser assim considerada?

Não temos dúvida que o tema da dependência foi bem tratado por Quijano, em 1968:

> Las sociedades nacionales latinoamericanas –con la reciente excepción de Cuba– pertene cen, individualmente y en conjunto, al sistema de relaciones de interdependencia formado por los países capitalistas y, dentro de él, ocupan una situación de dependencia. Desde el punto de vista de nuestras sociedades, se trata ante todo de un sistema de relaciones de dependencia

Nesse texto, o peruano nada diz sobre colonialidade, aliás, "la dependencia, por lo tanto, es un elemento constitutivo de las sociedades nacionales latino-americanas" (1968, p. 79, et seq). Claramente debruçado sobre tal perspectiva, Quijano (1968) tal como propôs duas décadas depois, estabelece que somente

> nuestras sociedades nacionales, dentro del sistema universal de interdependencia que se desarrolla, no puede ser ganada sin una modificación radical de la estructura de poder que sirve a la dependencia en las relaciones con las metrópolis y que es condicionada por esas relaciones, a menos que los intereses metropolitanos hoy día dominantes hayan desaparecido o se hayan debilitado totalmente, en cuyo caso el sistema actual de dependencia habría también desaparecido

Em 1992, no texto Colonialidad y Modernidad/Racionalidade aparece a colonialidade como reflexo da época colonial no tempo presente. Fica claro que Quijano a usa como forma de mostrar que ainda impera na América Latina um tipo particular de dominação colonial, mas em nenhum momento desaparece o caráter estrutural das sociedades independentes:

> La colonialidad, en consecuencia, es atin el modo mas general de dominacion en el Mundo actual, una vez que el colonialismo como orden politico explfcito fue destruido. Ella no agota, obviamente, las condiciones, ni las formas de explotacion y de dominacion existentes entre las gentes. Pero no ha cesado de ser, desde hace 500 ai'los, su marco principal. Las relaciones coloniales de perfodos anteriores, probablemente no produjeron las mismas secuelas y sobre todo no fueron la piedra angular de ningun poder global.

Já no início do século XXI, escreve *Colonialidad del poder, eurocentrismo y América Latina* e defende a tese de que na América Latina o fim do colonialismo não significou o fim da colonialidade. Claramente, ele fala da colonialidade do poder. Mas, a falsificação feita pelos decoloniais, além de outras coisas, é que eles ocultam as revoluções sociais como forma de superar a colonialidade. Aqui, em especial, Quijano (2005) faz a aproximação entre a colonialidade e revolução ao dizer que de todos os processos de independência só os países que alcançaram, por intermédio de uma revolução social, alcançaram a redemocratização e de descolonização. Foi assim que:

> A homogenização nacional da população, segundo o modelo eurocêntrico de nação, *só teria podido ser alcançada através de um processo radical e global de democratização da sociedade e do Estado*. Antes de mais nada, essa democratização teria implicado, e ainda deve implicar, o processo da descolonização das relações sociais, políticas e culturais entre as raças, ou mais propriamente

entre grupos e elementos de existência social europeus e não europeus (QUIJANO, 2005, p. 124).

Os decoloniais invertem a lógica dialética, quando buscam entender a realidade de um país; jamais postulam que a realidade social é sempre positiva e negativa e que o núcleo das coisas é constituído pela contradição (SILVEIRA, 2016, p. 58). Para Vieira Pinto (1979) "o que por essência só existe porque é negativo (daquilo de que provém) é ao mesmo tempo positivo (enquanto o novo que agora se afirma existente). Mas a inversão oculta algo essencial: a fuga da revolução social. O recurso metodológico ao idealismo, como forma de explicar o subdesenvolvimento, é sedutor à classe dominante e exerce um papel estratégico na manutenção do abismo entre nós. É difícil dizer que uma teoria, pretensamente ligada aos povos explorados, seja ao mesmo tempo, uma peça do dispositivo de alienação, ligada, ainda que de forma disfarçada, aos interesses dos grupos dominantes.

Nesse momento, depois de ter exposto o debate mais amplo sobre a temática decolonial, faremos uma redução analítica para se chegar aos decolonias brasileiros que tem tratado de AVP. Nossa intenção é mostrar a teoria da revolução em Vieira Pinto, todavia, não é exagero mostrar que, o autor tem sido objeto de interpretações obtusas que no horizonte enfraquecem o seu potencial analítico e revolucionário. Em boa verdade, não se trata de um exército de acadêmicos; mas, não é menos verdade, que mesmo sendo poucos, são capazes de dizer grandes absurdos.

Há, inúmeras razões para acreditarmos que tais autores, ao buscar fragmentos explicativos da obra de Vieira Pinto e colocá-los no *mosaico decolonial*, obtenham uma ligeira validade, mas esse é profundamente insuficiente do ponto de vista científico. Não há nada (absolutamente nada!) que se possa afirmar que Vieira Pinto foi o precursor das teses decoloniais no Brasil. Entre nós, os decolonais, armados academicamente, apontam para todos os lados e aproximam o seu pensamento a diversas áreas. Entretanto, uma delas têm nos chamado atenção, dado o gigantesco esforço para aproximar dois polos antagônicos. Trata-se, estou seguro, de uma aproximação falaz entre Vieira Pinto e os decoloniais. Por assim dizer, nossa crítica girará em torno de Costa (2019; 2021; 2022) e Costa & Martins (2018; 2019) e Costa & Martins & Machado (2023). Devo admitir, que não se trata de uma aproximação rebuscada, bem-sucedida e bem-acabada; a despeito das limitações e da impostura intelectual, os autores são frágeis na tentativa de aproximação.

Vejamos isso de perto.

Os trabalhos de Costa e Martins (2018; 2019) (mas fundamentalmente Costa (2019; 2021; 2022), defendem a hipótese de que Vieira Pinto foi o precursor do decolonialismo no Brasil. Essa descoberta validou qualquer tentativa de matar o marxismo explícito na sua obra. Costa (2019) na sua dissertação de mestrado, propõe uma discussão a partir da categoria totalidade em Vieira Pinto. Segundo ele, a totalidade traria:

> grande contribuição ao explicitar quais os fundamentos econômicos, como foco nas trocas internacionais, para a manutenção do quadro de subalternidade do povo brasileiro.

Junto com ela, outra categoria, nacionalidade, seriam as formas que melhorariam as condições de existência das massas diante do jugo imperialista. Segundo Costa (2019, s/p): a "postura intelectual [de Vieira Pinto] nos permite vislumbrar a antecipação do *giro colonial*, em que a diferença colonial é ressaltada em sua crueza". Logo adiante, o autor menciona que a forma como isebiano trata das contradições principais esclarece a "inocuidade das fórmulas metropolitanas devotadas à humanização das condições de existência do trabalhador". Essas afirmações revelam o essencial: é preciso ocultar a revolução da obra de Vieira Pinto. Claro está que Costa mira o marxismo, uma vez que emenda o seguinte: "temos aqui mais um endosso [...] da necessidade de uma atitude decolonial no pensamento científico". Por último, diz que: [...] "de forma que a decolonização epistêmica é questão de vida ou morte parta os pensadores dos países subdesenvolvidos se eles quiserem se devotar a um pensar autenticamente engajado". Não é difícil perceber, portanto que o uso irrefletido das categorias analíticas do autor visa, de um lado, dar guarida ao decolonialismo e, de outro, liquidar com o pensamento revolucionário.

Em seguida, tive acesso ao texto publicado em 2022, Consciência ingênua em Álvaro Vieira Pinto: manifestação na prática científica, publicado pela Guairacá Revista de Filosofia. Aqui o *mosaico decolonial* visa mostrar a suposta unidade entre Vieira Pinto e o decolonialismo. Depois de discorrer corretamente sobre o conceito de consciência ingênua e crítica, a afirmar uma unidade em sua obra, o autor diz que o *fazer decolonial* também exerce um papel unificador. Ou seja, agora o decolonialismo se junta aos cânones vieirapintistas.

No entanto, o texto escrito em parceria com Martins (2018) sublinha alguns pontos que vale a reflexão. Trata-se de: **Álvaro Vieira Pinto e o pensamento decolonial: a questão da colonialidade do saber.** Esse trabalho foi apresentado no III Colóquio Álvaro Vieira Pinto. Aqui os autores (2018, p. 15) afirmam: "Álvaro Vieira Pinto: pioneiro do pensamento decolonial" A afirmação vem açucarada com o seguinte: "podemos encontrar contribuições pioneiras de Vieira Pinto ao movimento decolonial em todas as suas obras produzidas a partir do seu período isebiano". Convictos com o fato de que o isebiano, ao falar do trabalho, se apresenta como um antimarxista, os decolonialistas passam a enxergar elementos decoloniais no autor.

Mas a ideia equivocada de considerar um nacionalista revolucionário enquanto representante do movimento decolonial só foi respondido, por Costa & Martins & Machado (2023), no artigo de 2023, chamado: Colonialidade, decolonialidade e pensamento decolonial: uma (re)conceituação. Nesse texto, é apresentado a Teoria Geral do pensamento descolonial; algo mais elaborado, em relação aos trabalhos anteriores, no entanto, segue sendo um recurso caviloso, posto que a estratégia dos autores não é outra senão a de transformar o decolonialismo em um recurso sistêmico, válido, quase que um instrumento analítico que abarca toda a história das ideias no país. Dentro dele, aparecem todos os autores (críticos e revolucionários) que lutaram contra a dominação estrangeira, o colonialismo, a exploração, etc). Não surpreende, pois, que Theotonio dos Santas e Ruy Mauro Marini, como também Nina Rodrigues, Manoel Bomfim e Euclides da Cunha façam parte dessa TGPD.

Os autores entendem por TGPD como sendo um guarda-chuva sob o qual dois *empreendimentos conceituais* se complementam: i) a existência pensamento descolonial na história das ideias e ii) a existência de um plano conceitual amplo que permita caracterizar as experiências libertadoras da colonialidade como sendo descolonial. Nesse segundo empreendimento reside uma mais uma armadilha, qual seja: o uso de todos "aqueles e todas aquelas que foram silenciados e silenciadas pelos serviçais da colonialidade" (2023, p. 76) como sendo produto do pensar descolonial. Mais ainda:

> os modos de proceder do pensamento descolonial são variados, pois surgem diretamente como resposta teórica e prática aos diversos e complicadíssimos

> dispositivos da matriz colonial de poder. Sua operacio-
> nalização e explicitação são um dos afazeres principais
> daqueles que se propõem a se dedicar a esse campo

Por fim, os autores (2023, p. 84) arrebatam: "o pensamento descolonial é o resultado reflexivo da atividade de libertação da colonialidade e de seus efeitos. Trata-se de um programa disciplinar cujo foco principal é a libertação da humanidade das relações de poder". É assim que Costa & Martins & Machado (2023, p 84) entendem que:

> hoje o que assistimos de inédito em relação à resistência anticolonial é o alvorecer de uma nova onda de pensamento, que foi capaz de tomar consciência crítica de diversos aspectos da colonialidade e da libertação que antes eram insuspeitados ou concebidos fragmentariamente.

Depois que conheci os textos acima os submeti à crítica inescrupulosa, seguro de que se tratava de uma impostura intelectual. Arantes tem razão quando diz que os decolonais são charlatões, especialmente quando tentam confundir a contribuição teórica do passado como sendo sua. Não tem menos razão quando diz que Fanz Fanom ficaria com os *cabelos em pé* se soubesse o que os decoloniais escrevem sobre ele. O que esperar da afirmação segundo a qual o fazer decolonial cumpre um papel unificador na obra de Vieira Pinto? Não tenho dúvidas que o desconhecimento é menos nocivo do que o entendimento torto e caviloso.

Nesse momento, cabe apresentar a teoria da revolução nacional em Vieira Pinto e demonstrar que nunca houve, insisto nisso, elementos decoloniais na sua obra. O seu horizonte teórico é inversamente proporcional ao que postulam os decolonais (independente da matriz conceitual).

# Teoria da revolução brasileira em Vieira Pinto

As primeiras elaborações da teoria da revolução brasileira ganharam formas especiais no trabalho: Consciência e Realidade Nacional (CRN). É possível dizer que CRN completa, de modo mais acabado, o que aparece no livro Ideologia e Desenvolvimento Nacional.

Mas o que efetivamente estava posto em 1960?

Segundo ele, subsistia na totalidade do Brasil duas forças antagônicas: as forças nacionais (autóctones) e as forças estrangeiras (representadas pelo imperialismo). O desabrochar da primeira, ou seja, o fim do subdesenvolvimento, dependia da superação da segunda. A tese de Vieira Pinto (2020, p. 159) era a seguinte: a superação do subdesenvolvimento é obra de uma revolução nacional cujo conteúdo fortaleceria os aspectos:

> positivos do capitalismo nacional, ou seja, um capitalismo vigoroso com base na iniciativa pioneira do Estado em cuja posse devem permanecer a produção e a distribuição de todas as formas de energia, e no emprego do capital de origem interna [...] os sucessos obtidos na rápida industrialização de muitos ramos da produção, na conquista de melhor nível de poupanças interna, não ocorreram por acidente; são prova de presença de fatores objetivos de crescimento, que admitem expansão ulterior imensamente mais ampla. São o desenvolvimento e a consolidação dessas tendências que é preciso, no momento fazer

Em 1960, momento de avanço das forças produtivas, de um lado, e, de outro, do amadurecimento político sobre a necessidade de revolução brasileira, Vieira Pinto (2020, p. 161), criticamente, entendia que a "mudança da estrutura da sociedade, mediante a transformação das relações sociais básicas do processo econômico", extinguiria as instituições econômicas que representavam "a subalternidade dos interesses estrangeiros. É fácil perceber, que nesse momento ele está a tratar o tema a partir do que chamou de *revolução possível*: aquela que nos permitiria dar um salto qualitativo rumo ao desenvolvimento. Não se trata de uma tese meramente reformista, como alguns insistem em afirmar; Vieira Pinto amarra a *revolução possível* ao horizonte da totalidade do país, ou seja, seria uma ação radical cuja tarefa era o combate ao imperialismo, enquanto principal contradição, política e economicamente, a visar a conquista de fases superiores de existência. Não podemos ocultar o fato segundo o qual a ideia de desenvolvimento já estava posta no livro: *Ideologia e Desenvolvimento Nacional*, de 1956, quando diz que o progresso material permite o ingresso das massas na "área culturalmente iluminada".

O caráter da revolução brasileira era a *pedra de toque* dos revolucionários desse período. Está claro que Vieira Pinto entendia que a primordial contradição social do país, aquela frente a qual teríamos que superar, era o imperialismo, o capital externo. Portanto, a natureza da revolução nacional teria que ser a do desenvolvimento de um tipo de capitalismo que buscasse o avanço da economia autóctone.

Vieira Pinto (2020, p. 578, et. seq.), devemos insistir, chega à conclusão de que "a revolução não possui um só e mesmo conteúdo em todo momento da história". Deixa claro que "conforme a fase de determinado processo social nacional, deve-se perguntar pelo que, em tal fase constitui a *revolução possível?*". Só assim podemos afirmar que a definição de revolução brasileira é uma "mudança social consubstanciada na passagem do estado de subdesenvolvimento ao de pleno desenvolvimento, embora dentro do mesmo regime produtivo". Logo em seguida adverte: "representa apenas passo preliminar para alterações mais profundas, as que atingem o próprio regime de produção". Aqui, ele alcança o sol das ideias da sua tese sobre revolução brasileira. Claramente se dirige aqueles que têm uma visão dogmática da revolução, especialmente quando desprezam o caráter qualitativo das revoluções possíveis. Revolução é um "processo, ao longo do qual mudanças cujos conteúdos diferem entre si merecem ser chamadas revolucionárias".

## Um comunista entranhado

Não resta dúvida de que Vieira Pinto (2020, p. 162, et seq) está a buscar a essência da revolução, ou seja, o ato político supremo capaz de superar as contradições históricas. "[...] fenômeno revolucionário está diretamente ligado ao regime das contradições reais do processo nacional existentes"; somente assim conseguiu afirmar que a revolução brasileira do pré-64 era aquela que superaria o imperialismo, enquanto contradição suprema. Se assim colocamos a questão, não é equivocado dizer que a revolução será obra da classe trabalhadora, dos grupos econômicos de exclusiva base interna, em cooperação com os empresários e intelectuais nacionalistas. Não poderia ser diferente a revolução nacional diante do diagnóstico a que chegou. Reside aqui, todavia, um fato de primordial importância para se elucidar a luta de classes em Vieira Pinto. Alguns poderiam pensar na ausência dela, diante do enorme peso que dá ao imperialismo. Ocorre que, segundo ele, a força do imperialismo é tão avassaladora que "atinge igualmente os trabalhadores e os possuidores do capital nacional, e até as classes médias, que se veem arrastadas pela mesma divisão"; todas as frações de classes, enfrentam a concorrência do capital estranho, e respondem às "manobras de pressão que visava esmagar o surto da genuína indústria nacional". Vieira Pinto acredita que a dinâmica da sociedade brasileira levaria amplos setores da economia à defesa da revolução nacional. É claro que capitalistas nacionais e estrangeiros, ambos são inimigos da classe trabalhadora (em última instância). Todavia, no pré-64, segundo ele, não estava consolidado os vínculos que no futuro, como sabemos, se processou. O papel do imperialismo na América Latina e, em particular, no Brasil, não deu à burguesia local, tampouco era algo que lhe trouxesse grandes avanços, outras condições. Realizar a sua tarefa revolucionária, como realizada pelas burguesias centrais - historicamente - se mostrou impossível; restou a burguesia autóctone o papel coadjuvante. Sachs (2019, p. 304) chama atenção para o fato de que a cooperação antagônica das potências imperialistas, em meados do século XX, teve como consequências "a limitação de manobras para as burguesias nativas". Seja como for, o *erro* de Vieira Pinto em depositar na burguesia autóctone um possível papel de agente de transformação quando o peso do imperialismo a trouxesse restrições foi recuperado, embora de modo embrionário, em 1963, na Teoria dialética do subdesenvolvimento (um texto de autocrítica, com veremos abaixo) e na Questão da Universidade.

Em 1977, no seu último livro publicado postumamente, a crítica à burguesia nacional se manifesta explicitamente. Mais do que isso, fica cristalina a sua posição de comunista, a despeito do desespero dos decoloniais brasileiros. Vieira Pinto, sempre mostrou os perigos do capital estrangeiro, razão pela qual postulava a participação do capital autóctone como força social importante no processo de desenvolvimento. Mas quando fala dos perigos do recebimento do capital estrangeiro ataca a ingenuidade dos capitalistas nacionais dizendo que:

> passado um tempo suficiente para a segura implantação do aparelho de exploração [...] de recursos para o centro hegemônico, [...] o empresário brasileiro autêntico,

> o que caiu no 'conto', começam a ver entrar a fase de predominância da saída dos lucros sobre a entrada dos 'investimentos' (VIEIRA PINTO, 2020, p. 350. et seq)

É preciso deixar claro a particularidade da revolução brasileira no autor, já em 1960: não se trata de uma conciliação com a burguesia autóctone como forma de enfrentar o imperialismo; é isso, mas há outros elementos históricos relevantes. Como dissemos, trata-se de uma conciliação em que as massas trabalhadoras comandassem o processo revolucionário, já que em *princípio*, Vieira Pinto, não defendia o "desenvolvimento nacional realizado pelo Estado e pelo capital "privado" nacional. Nosso modo de pensar é outro". A quadra histórica brasileira e o grau de avanço da luta de classes e do imperialismo fizeram com que ele acreditasse que "seria já um passo adiante se o país se libertasse da servidão do capital alienígena". Portanto, um elemento tático. Não se tratava de um erro somente dos empresários nacionais que até 1960 ainda nutriam uma certa ingenuidade ao capital estrangeiro. Havia amplos setores da sociedade que postulavam uma aliança com a suposta burguesia nacional. A crítica inescrupulosa realizada por Vieira Pinto combate o dogma do desenvolvimentismo burguês, submetido aos ditames imperialistas. Para os ingênuos (e hoje, aos decoloniais) solta a seguinte arma: há outras vias de desenvolvimento nacional:

> [...] que não com base no capital, isto é, na venda compulsória da força de trabalho do povo, e sim na atividade direta das massas unidas no projeto consciente de construir, sem privilegiados, patrões e açambarcadores, o desenvolvimento das energias produtivas, de que nenhum país está desprovido (2020, p. 351)

# Revolução e dialética do desenvolvimento

A conquista da emancipação política, colocando no interior da nação, nas mãos do povo, das massas trabalhadoras, o centro de suas decisões históricas, tal é a *essência da revolução necessária*. Não é difícil perceber que não há desenvolvimento sem a sustentação das massas trabalhadoras; o papel dos capitalistas nacionais nesse processo seria de dar um impulso autóctone às forças de produção; no entanto, a condução do processo revolucionário, o motor dele, o horizonte a ser conquistado e os direcionamentos políticos seriam particularmente das massas trabalhadoras[5] e o seu instrumento de vanguarda. Só dessa forma, podemos afirmar que:

> Compete, pois, aos que decidem empreender o projeto de desenvolvimento, contribuir para esclarecer a consciência do proletariado sobre as verdadeiras possibilidades de modificar o seu nível de vida, o que não decorrerá nem da boa vontade das classes patronais, nem da solicitude amorosa do Estado, receoso sobretudo de uma revolta social, mas de consecução dos fins visados pelo projeto libertador da economia nacional que implica alterar, para melhor, o estatuto do trabalhador. (VIEIRA PINTO, 2020, p. 209)

Os estudiosos desatentos não fazem a devida conexão entre desenvolvimento, enquanto ato revolucionário, vanguarda nacional e massas trabalhadoras. Se a tese de desenvolvimento em Vieira

---

5 Dado os limites desse espaço, cabe mencionar que no livro que lançaremos em 2024 sobre A Teoria dialética da Cultura em Vieira Pinto, enquanto parte constitutiva da nossa tese de pós-doutoramento, continuaremos a fundamental discussão sobre revolução nacional em Vieira Pinto. Então, o estudioso interessado no autor poderá encontrar no livro elementos teóricos mais consistentes e com riquezas de detalhes sobre a temática.

Pinto é precisamente o desabrochar das condições supremas de existência de um povo, não é equivocado supor que esse estado esplendido de coisas só pode ser conquistado com a efetiva participação das massas no processo emancipatório. Essa tese permite compreender que jamais os países dependentes poderão alcançar o mesmo grau de avanço dos países, hoje, considerados centrais (superpotências). Se é correto, não há dúvidas que sim, analisar a história a partir da lógica dialética, não podemos tomar o mesmo caminho, posto que o desenvolvimento deles é precisamente o nosso subdesenvolvimento. E se a necessidade histórica de superar o nosso estado de coisas é o *desenvolvimento do desenvolvimento* fica evidenciado a urgência da revolução brasileira.

É realmente elucidativo o exercício da autocrítica entre nós intelectuais, homens públicos. A tese exposta no CRN, foi objeto de autocrítica, em 1963. Vieira Pinto usa o método dialético para formular a Teoria dialética do subdesenvolvimento, em um texto seminal chamado: *Indicações metodológicas para a definição do subdesenvolvimento*, escrito na antessala do golpe militar, momento de profunda guerra de classes. Ao se apropriar das categorias de *abstração e concreto*, faz uma interpretação dialética do subdesenvolvimento; segundo ele, nos trabalhos anteriores não possuía capacidade de fazer isso. Segundo Nildo Ouriques, amigo de Ruy Mauro Marini, é difícil estabelecer um vínculo entre Vieira Pinto e Marini; tampouco que o segundo tenha lido os trabalhos do filósofo; da mesma forma que seria um equívoco afirmar que ele tenha meditado sobre a teoria marxista da dependência. Mas é sedutor observar que Vieira Pinto (1963) estava a propor o uso do método dialético marxista para desvelar os nexos, relações e mediações do subdesenvolvimento, extraindo a sua verdadeira essência.

O que é efetivamente relevante na sua autocrítica é o seguinte;

> Parece-nos que não seria mesmo exagerado dizer que somente depois de haver desentranhado da realidade concreta do país pobre o conceito dialético desse modo de ser, é que a consciência de suas massas, penetrada pela formulação teórica que lhe será oferecida pelos pensadores que a representam, alcançará grau de claridade necessária para levar à prática as transformações objetivas que operam no curso visível da história *o acontecimento revolucionário, que é o fim da existência subdesenvolvida, a conquista de si de povo atrasado e sua ascensão ao exercício da efetiva soberania nacional.* (*VIEIRA PINTO, 1963, p. 267.* GRIFO NOSSO)

Aqui temos a superação da tese apresentada no CRN, especialmente o caráter da revolução enquanto ato político supremo. A *teoria dialética do subdesenvolvimento*, segundo ele, é a única que permite construir ou orientar, "a eficiente ideologia social que deverá comandar as ações revolucionárias das massas, no sentido de extinguir o estado de atraso e de miséria". Embora, até 1963, as massas trabalhadoras sempre exerceram um papel indispensável no processo revolucionário, a sua autocrítica parece superar a participação dos capitalistas nacionais nesse mesmo processo.

Do mesmo modo, a tese do desenvolvimento nacional em Vieira Pinto carrega no seu útero alguns elementos que merecem ser explorados para que o pesquisador não incorra em erros de todo tipo. Estamos a nos referir ao tipo de desenvolvimento usado por ele. Não se trata da velha tese desenvolvimentista segundo a qual a via aos países atrasados e subjugados saírem do subdesenvolvimento seria o desenvolvimentismo; aliás, sobre isso, Gunder Frank já havia afirmado que o máximo que alcançaríamos seria o "desenvolvimento do subdesenvolvimento". O desenvolvimento, enquanto emancipação nacional, a que se refere Vieira Pinto, é o precisamente o "desenvolvimento do desenvolvimento": o único que concebe a totalidade do país, portanto o que lança as bases para um projeto de destino superior. Não é o mero conquistar de elementos modernos industrializantes. É o projeto de novo tipo e comandado pela classe efetivamente interessada na transformação da estrutura política e econômica do país, obviamente a classe trabalhadora. Vieira Pinto ultrapassa a tese central dos desenvolvimentistas na medida em que determina que um projeto de superação do subdesenvolvimento só seria possível a partir do comando da classe trabalhadora. Isso parece ser mais verdadeiro, estamos convictos, depois de 1963, especialmente, depois das grandes contradições sociais que antecederam ao golpe civil-militar. No livro A questão da Universidade, logo em seguida à sua autocrítica, Vieira Pinto retoma a sua primeira tese de que havia empresários nacionalistas interessados no desenvolvimento autóctone e diz que:

> [...] a fase que iniciamos se revela de outra natureza. Não é mais representada *pela relativa acomodação e tão fácil adiamento da resolução das contradições*, mas se marca pela rápida exacerbação das forças contrárias em jogo no cenário social e pela impossibilidade de pactuarem compromissos duradouros.

Em seguida chega à conclusão:

> Paralelamente à radicalização das forças em confronto, desenvolveu-se a consciência popular, cada vez mais apta a compreender a razão de ser das agruras do povo e a aceitar as ideias que fundamentam as soluções a lhes serem dadas. *Este momento merece, com razão, ser chamado pré-revolucionário*, porque, embora as classes dominantes não o desejem, e tudo façam, é claro, para conjurar o perigo que as ameaça, as camadas populares estão começando a se convencer de que somente sua decidida ascensão lhes dará meios para realizar as reformas que consideram urgentes.

*\*\*\**

Claro está que, quando Vieira Pinto diz, em 1960, que a revolução seria a transição de um ponto a outro, expressa a processualidade da revolução, isto é, a revolução possível desembocaria na emancipação nacional. Segundo ele, o salto revolucionário deve ser dialetizado: não se pode *predeterminar dogmaticamente o conteúdo revolucionário*. Com os pés fincados na realidade latino-americana diz que "se não é possível fazer hoje a revolução desejável [comunista, não tenho dúvidas] a qual só se vislumbra como exequível no futuro, desanima-se de empreender a revolução atualmente executável e com isso anula-se a própria possibilidade daquela revolução futura" (2020, p. 579). Só é possível entender a afirmação acima se considerarmos que, antes do golpe civil-militar de 1964, não havia "um movimento operário independente, capaz de aglomerar em torno de si o campesinato e as camadas radicalizadas da pequena burguesia", (Sachs, 2019, p.295) conforme formulou a Polop nas suas *Teses Tiradentes*, em seguida ao golpe. Não resta dúvida que sequer a revolução proposta por Vieira Pinto foi possível, mas em 1960 essa era a conjuntura vivida. Não tenho dúvida, ao mesmo tempo, que Vieira Pinto está a pensar, ao mesmo tempo, na processualidade e nos avanços qualitativos da revolução cubana de 1959.

Devemos dizer, por fim, que para os limites desse livro, encerraremos a discussão, sabendo, contudo, que está incompleto. Já está no forno o nosso segundo ensaio sobre cultura e revolução em Vieira Pinto (fruto do nosso relatório de pós-doutoramento) em que avançaremos em tal discussão a apresentar o tema da teoria da cultura na sua obra. A nossa tese preliminar é que no livro Conceito de Tecnologia (Volume I e II) há um delineamento do papel que exerceria as forças produtivas (engendradas no mundo capitalista) em uma sociedade superior; do vir a ser; tal constatação, ainda que preliminar, nos permite afirmar que cultura e revolução caminham juntas nesse complexo caminho histórico.

Mais do que isso, o livro aponta um caminho concreto de superação do subdesenvolvimento e dependência brasileiros na medida em que mostra, detalhadamente, a natureza e o papel da tecnologia no modo de produção capitalista.

## Refências Bibliográficas

BALLERSTRIN, Luciana. **América Latina e o giro colonial.** Revista brasileira de Ciência Política, n11 Brasília, 2013.

COSTA, Breno Augusto da. **Consciência ingênua em Álvaro Vieira Pinto: sua manifestação na prática científica.** Guairacá Revista de Filosofia. Guarapuava, PR. V37, N2, p. 65-82, 2021.

_____. **Álvaro Vieira Pinto e a educação tecnológica.** Programa de Pós-graduação em Educação Profissional e Tecnológica (PROFEPT). Instituto Federal de Educação, Ciência e Tecnologia do Triângulo Mineiro. Uberaba, 2019.

COSTA, Breno Augusto da; MARTINS, Adriano E. Medeiros. **Álvaro Vieira Pinto e o pensamento decolonial.** Revista Akeko. Rio de Janeiro. V. 2, n1, 2019

LANDER, Edgardo (org). **A colonialidade do saber: eurocentrismo e ciência sociais. Perspectivas latino-americanas.** In: QUIJANO. Anibal. Colonialidade do poder, eurocentrismo e América Latina. Coleccionn Sur Sur, Clacso, Ciudad Autônoma de Buenos Aires, Argentina, 2005.

QUIJANO. Anibal. **Colonialidad y Modernidad/Racionalidad.** Peru Indíg. 1992.

_____. **America Latina em la economia mundial.** Buenos Aires, Clacso, 2014.

_____. Dependência, cambio social y urbanizacion em Latinoamerica. Buenos Aires, Clacso, 2014

VIEIRA PINTO, Álvaro. **Ideologia e desenvolvimento nacional.** Rio de Janeiro: Ministério da Educação e Cultura; Instituto Superior de Estudos Brasileiros, 1956. 48 p

_____. **Consciência e realidade nacional.** Rio de Janeiro: Instituto Superior de Estudos Brasileiros, 1960. 2 v. (Coleção Textos Brasileiros de Filosofia

_____. **A questão da universidade.** Rio de Janeiro: Editora Universitária, 1962a. (Cadernos Universitários,

_____. **Indicações metodológicas para a definição do sub-desenvolvimento.** Revista Brasileira de Ciências Sociais, Belo Horizonte, v. 3, n. 2, p. 252-279, jul. 1963.

_____. **Ciência e existência: Problemas filosóficos da pesquisa científica.** Rio de Janeiro: Contraponto, 2020

_____. **O conceito de tecnologia.** 2. ed. Rio de Janeiro: Contraponto, 2005

_____. **A sociologia dos países subdesenvolvidos: Introdução metodológica ou prática metodicamente desenvolvida da ocultação dos fundamentos sociais do "Vale das Lágrimas".** Rio de Janeiro: Contraponto, 2008.

SILVEIRA, Dauto J. da. **Alienação e emancipação: a produção da existência dos pescadores artesanais do Território de Pesca no Baixo Vale do Itajaí e Tijucas.** Tese (Doutorado em Sociologia) – Setor de Ciências Humanas da Universidade Federal do Paraná. 2016.

# 3.
# NOTAS INTRODUTÓRIAS AO MATERIALISMO DIALÉTICO DE ÁLVARO VIEIRA PINTO

*Marcos Dantas*[6]
*Marco Schneider*[7]

> A concepção materialista da essência do homem enxerga (em total acordo com os dados da antropologia, etnologia e da arqueologia) a forma universal da vida humana no trabalho, na transformação direta da natureza (tanto a exterior quanto a sua própria) que o homem social realiza com o auxílio de ferramentas feitas por ele mesmo (E. ILYENKOV).

Após a Segunda Guerra emergiu um grande debate sobre as relações entre ciência, tecnologia e sociedade, na esteira do papel determinante daquelas duas nessa grande tragédia humana. Numa dicotomia que lembraria os "apocalípticos e integrados" de

---

6    Professor titular (aposentado) da Escola de Comunicação da UFRJ.

7    Pesquisador titular do Instituto Brasileiro de Informação em Ciência e Tecnologia (Ibict).

Umberto Eco (1979), alguns autores estariam entendendo a tecnologia como uma força que dominaria o ser humano, enquanto outros, ao contrário, visualizavam-na como força libertadora. Álvaro Vieira Pinto se rebelou contra ambas as abordagens, daí sua motivação para escrever, e fio condutor desse extraordinário tratado que é *O Conceito de Tecnologia*, elaborado na primeira metade da década 1970, mas, infelizmente, só publicado tardia e postumamente em 2005 (VIEIRA PINTO, 2005a; 2005b).

Para Vieira Pinto, o ser humano é um *ser técnico*. Esta é sua essência, seu "existencial". É o que o distingue das outras espécies animais. Para ele, a contradição essencial do ser humano, aquela que determina todas as demais na sua evolução histórica, é com a própria natureza, da qual faz parte e retira os recursos necessários à sua sobrevivência. Os demais seres vivos também fazem isso, mas somente nos limites da própria oferta de seus ambientes naturais e dos recursos que geneticamente desenvolveram ao longo de processos biológicos, enquanto o ser humano o faz modificando substancialmente o ambiente natural, adaptando-o às suas próprias necessidades, com os recursos neurológicos que originalmente lhe foram dados pela evolução biológica, mas logo, por isso mesmo, pela evolução técnica, na história e na cultura, inerente ao seu ser. Os seres vivos, mesmo os mais "engenhosos" como certas espécies animais, adaptam-se a algum tipo de ambiente. O ser humano é capaz de sobreviver em praticamente todos os tipos de ambientes sem sequer evoluir-se em distintas espécies ou subespécies, mas, antes, adaptando os ambientes às suas necessidades, daí constituindo-se em múltiplas *culturas*. As tecnologias vêm a ser, assim, meras extensões ou próteses dessa condição técnica existencial. Daí, não existirão técnicas e tecnologias "boas" ou "más", "opressoras" ou "libertadoras". É o ser humano, nas suas próprias contradições no curso da sua história, que pode ser "bom" ou "mau", "opressor" ou "libertador".

É desse debate amplo enfrentado por Vieira Pinto, cuja abordagem, pelo estudioso do seu pensamento, pode se dar por múltiplas entradas, que recortamos um aspecto, dentre tantos outros: ele reivindica, até mesmo com uma certa postura demiúrgica, tratamento materialista-dialético aos problemas da ciência e da tecnologia enquanto problemas existenciais da humanidade. Dedica o primeiro volume de *O Conceito de Tecnologia* ao debate geral do problema, dando-nos a impressão que nenhum pensador ou pensadora, até então, brasileiro ou estrangeiro, havia entendido corretamente essas questões, nos termos da dialética materialista. O segundo volume é dedicado, principalmente, à cibernética e à teoria da informação, as grandes "novidades" científicas da época que, para Vieira Pinto, estavam também a exigir uma interpretação filosófica fundada no materialismo dialético. Neste volume, a sua demanda pela necessidade de se buscar na dialética materialista a "verdadeira" compreensão dessas ciências, é ainda mais vigorosa. Nisto, sugere uma interpretação da cibernética e da teoria da informação, talvez até hoje extremamente original. Por isso, também, é onde mais explícita e claramente expõe sua compreensão do materialismo dialético.

Quando elaborou, nos primeiros anos da década 1970, *O Conceito de Tecnologia* e nele dedicou centenas de páginas, sobretudo no segundo volume, ao conceito de informação, Vieira Pinto estava debatendo teorias que, então, mal completavam 30 anos de existência. Nascidas em laboratórios dos Estados Unidos durante a Segunda Guerra Mundial, com finalidades, pois, inicialmente bélicas; apropriadas logo depois pela grande indústria monopolista (BRETTON, 1991; NOBLE, 1986), essas teorias definiam informação como medida de redução de incertezas (SHANNON e WEAVER, 1975 [1949]) e tendiam a interpretar a inteligência humana como algo maquínico similar às regras de operação dos computadores que então, com base nessas novas ciências, vinham sendo projetados e fabricados para atender a demandas do Estado militarista estadunidense, de indústrias manufatureiras, bancos etc. A cibernética e sua correlata teoria da informação lograram enorme repercussão nos meios científicos, inclusive nas ciências sociais, pois sugeriam a possibilidade de solução, devido ao seu rigor matemático, de um amplo conjunto de problemas suscitados pelas necessidades tecnológicas, econômicas e sociais gerais da sociedade capitalista, após a Segunda Guerra Mundial. Formulada, com base em princípios físicos, para resolver problemas próprios de engenharia, foi adotada também na biologia, linguística, economia, sociologia, daí, como seria natural, investigada em termos filosóficos. Os próprios cientistas que primeiro a elaboraram não se furtaram, num segundo momento, a buscar dela extrair meditações filosóficas, sobre a "condição humana", considerando os efeitos prováveis de "robôs" e "inteligência artificial" no mundo que estaria então nascendo dessas suas realizações. *Cibernética e sociedade*, de Norbert Wiener (1978 [1950]), foi uma dessas obras de grande sucesso e influência na época, merecedora, por isso, de detalhado exame crítico por Vieira Pinto em *O Conceito de Tecnologia*.

Não tardou, porém, que cientistas e teóricos destes outros campos externos às engenharias, percebessem as limitações da teoria da informação e da cibernética, tanto em termos teóricos, quanto práticos. Esses cientistas e teóricos vão desenvolver uma "segunda cibernética", crítica da primeira (DUPUY, 1995). Entre eles, podemos citar o comunicólogo Gregory Bateson (1987 [1972]), o biólogo Henri Atlan (1992 [1979]), os ciberneticistas Heinz von Forster (1980) e Anthony Wilden (1980 [1972]), entre outros. Lucien Sfez (1994), examinando a obra desses cientistas e teóricos, sustenta que se situam em dois diferentes troncos epistemológicos. A "primeira cibernética", sem a qual, aliás, não existiriam os equipamentos eletroeletrônicos que hoje em dia povoam o nosso dia a dia, é lógico-formal, atomista, dualista (separação sujeito-objeto), remete à tradição cartesiana de pensar, dominante na física e nas engenharias. A "segunda cibernética", melhor ajustada ao estudo dos problemas biológicos e sociais, é sistêmica, totalizante, monista (identidade sujeito-objeto), remetendo ao pensamento espinoziano. Se assim for, então podemos acrescentar a essa linhagem, também o pensamento hegeliano e, daí, Marx.

Independentemente dessas importantes diferenças, queremos sublinhar que, em termos do avanço da consciência e conhecimento do ser humano sobre o mundo em que habita, o grande salto ontológico e epistemológico dado pela cibernética e pela teoria da informação foi o de atribuir ao significante "informação" um significado rigorosamente científico e materialista. Reconhece Abraham Moles:

> [...] a tomada de consciência da materialidade da informação é extremamente recente. Não faz muito tempo, o aspecto ideal das mensagens interpessoais passava tão evidentemente ao primeiro plano, que deixava na sombra o aspecto material. As ideias que se "transmitiam" faziam esquecer a transmissão. Para Platão, Bacon ou Spinoza, a materialidade da escrita não era outra coisa senão contingência acessória da qual justamente convinha libertar o pensamento [...] (MOLES, 1978, p. 271, itálicos no original).

Para o senso comum, a palavra "informação" é polissêmica, geralmente entendida como "algo comunicado a alguém", "algo sabido por alguém", "notícia". Shannon atribui o sentido dessa palavra a uma medida matemática expressa por uma fórmula bayesiana, hoje em dia considerada entre as "17 equações que mudaram o mundo" (STEWART, 2013), ao lado das equações de Pitágoras, Newton, Einstein e outras treze. Em Bateson, por outro lado, informação é uma "diferença que faz diferença em algum evento posterior" (BATESON, 1987, p. 381). Informação, aqui, é entendida como formas energético-materiais (frequências luminosas e sonoras, moléculas odoríferas etc.) que um agente seleciona ou diferencia no seu campo de ação para nele poder agir, nesta ação obtendo algum resultado necessariamente diferente do que havia antes. Atlan (1992) traduzirá essa definição em uma equação diferencial, isto é, determinada pela relação incerteza e *tempo* de processamento (ou trabalho).

Uma vez tendo alcançado esse status científico, parecia que a informação tinha sido *a* grande descoberta da segunda metade do século XX. E muita tinta foi derramada, muito papel foi consumido buscando entender tamanha novidade. É aí que vai entrar Vieira Pinto. Ele não teve nenhum contato, ao que saibamos, com autores da "segunda cibernética"; suas obras, ao que parece, não teriam chegado ao conhecimento do pensador recluso em seu apartamento no bairro carioca de Copacabana. Porém, seja pelos livros que traduziu, seja por outros com os quais pôde travar conhecimento, Vieira Pinto, municiado pelo rigor da lógica dialética, não teve dificuldade em reconhecer a lógica formal da "primeira cibernética", daí se propondo a retrabalhar seus conceitos sob o escrutínio do materialismo dialético. Nisto legou ao Brasil e ao mundo, uma interpretação filosófica que podemos considerar inédita da cibernética e da informação, realização extraordinária se nos remetermos às condições como produzia e ao Brasil onde produzia.

Nessa exposição, Vieira Pinto faz, num linguajar todo próprio, duras críticas às interpretações lógico-formais que presidiam o pensamento de autores como Norbert Wiener (1894-1964), William Ashby (1903-1972), Claude Shannon (1916-2001) e outros "pais fundadores" da Cibernética. Sustenta até enfaticamente a necessidade de se recorrer à dialética materialista para compreendermos a real natureza e todas as implicações históricas dessa então nascente ciência e, dentro dela, do conceito de informação. Em muitos momentos, nos remete também a teóricos do Leste Europeu então socialista que, como seria de se esperar, já vinham investigando os mesmos problemas nos termos do materialismo dialético. Porém, ao se referir a esses autores, chama-nos também a atenção o seu inequívoco incômodo.

> Mas a dialética acha-se também ameaçada de conduzir a graves enganos se não for devidamente compreendida. O prejuízo máximo, que inutilizaria o valor produtivo da compreensão dialética, consiste em aplicá-la formalmente. Isso pode acontecer quando se utilizam de modo estático as categorias dialéticas, convertidas então numa simples nomenclatura. O erro está em procurar-se aplicar os fenômenos da realidade às categorias dialéticas, tornando essas leis e categorias dialéticas um mero envoltório, ou até um cacoete verbal, o que destrói ou oculta a mobilidade própria do conteúdo do pensamento. Em vez de assim proceder, o que importa é pensar a dialética *no* conteúdo dos acontecimentos e fenômenos (VIEIRA PINTO, 2005b, p. 140).

Para alguns teóricos, a dialética seria como a fôrma de um bolo onde se verte a massa antes de levá-la ao forno. Para outros, seria como o fermento que faz crescer a massa antes de ser vertida na fôrma.

> O uso formal das categorias dialéticas consiste no seu uso "formal" [...] o uso delas como fôrmas [...] Ao contrário, a concepção das leis dialéticas na função de

fermento mostra que o processo não existiria sem elas, ou seja, revela não serem expressão exterior, conceptual abstrata do que se passa em movimento na realidade, mas sim a manifestação do modo de operar dos fatores constantemente determinantes do processo de criação e transformação de um ser (idem, p. 140-141).

Citando, vez por outra, autores como Jacques Guillaumaud, V. N. Pushkin e, principalmente, o alemão oriental Georg Klaus (1912-1974)[8], Vieira Pinto neles apontará importantes "desvios", digamos assim, no que seria uma "correta" compreensão dialético--materialista da cibernética e da informação. Esses autores seriam representantes legítimos do *establishment* intelectual da antiga União Soviética e dos países, partidos políticos ou grupos acadêmicos que gravitavam ao seu redor, inclusive no Ocidente capitalista. Ao criticar suas abordagens, além de se dizer "surpreso" pelo que considerava seus equívocos, Vieira Pinto tenta explicá-los como um

> eclipse do raciocínio dialético, causado, quase certamente, pelo que poderíamos chamar o 'efeito arrastão', a influência incoercível não percebida, sofrida pelo pensador, obrigado a manejar predominantemente artigos e ensaios de colegas formalistas e metafísicos [...]. (idem, p. 48)

Sabemos das dificuldades que a cibernética enfrentou para ser aceita no ambiente científico e político soviético (PETERS, 2012). Necessária ao desenvolvimento tecnológico, à indústria

---

8  Não foi possível encontrar, na onisciente internet, alguma informação biográfica sobre Guillaumaud e V. N. Pushkin (não confundir com o poeta russo de mesmo sobrenome). Ambos os autores, porém, tiveram obras traduzidas e publicadas no Brasil. Do primeiro, cibernética e materialismo dialético, Rio de Janeiro: Tempo Brasileiro, 1970. Do segundo, Heurística: a ciência do pensamento criador, Rio de Janeiro: Zahar, 1969.

e, particularmente, à defesa, teve que ser posta naquela "fôrma" dialética. Essa dialética "formal", também conhecida como *diamat*, acrônimo russo de *dialekticheskiy materializm*, ou "materialismo dialético", desenvolveu-se a partir do Lênin de *Materialismo e empiriocriticismo*, obra de 1909, na qual denuncia o que seriam "desvios idealistas" no interior do marxismo,[9] mas consolidou-se com o stalinismo nos anos 1930, tornando-se referência obrigatória nos "manuais" de vulgarização do materialismo dialético "oficial"[10]. Seus críticos, geralmente identificados a um "marxismo ocidental", reconheceriam a herança hegeliana na dialética materialista de Marx, enquanto a *diamat*, sem ignorar Hegel como fundador da dialética moderna, o "condenaria" irremediavelmente como "idealista". O debate atravessou o século XX, colocando de um lado os defensores de uma "ortodoxia" explicitamente conectada aos poderes políticos que emanavam de Moscou e do outro,

---

9    Importante acrescentar que cerca de dez anos mais tarde, no exílio que antecedeu a revolução de outubro, Lênin dedicou-se ao estudo da Lógica, de Hegel, tendo produzido um caderno de notas que só foi publicado postumamente, em 1929, no qual manifesta profunda admiração pelo filósofo alemão, apesar das críticas frequentes ao seu idealismo, o qual, não obstante, mostra-se por vezes quase materialista, na avaliação de Lênin.

10   Nas três primeiras décadas do século XX, as lideranças políticas e teóricas do movimento operário europeu envolveram-se em acesas polêmicas nas quais pontificavam Kautski, Plekhanov, Lênin, Rosa Luxemburgo, Bogdânov, Trotsky, Lukács, outros e outras. Uma parte dos debates versava sobre questões de natureza filosófica. Com *Materialismo e empiriocriticismo*, Lênin praticamente "decretou" como deveria ser interpretado o materialismo dialético, com base na *sua* leitura das obras de Engels e Marx. Outras abordagens, como as de Bogdânov e Lukács, permaneceriam às margens do *diamat*, a despeito do considerável sucesso do último nos meios acadêmicos ocidentais. Sobre os debates dessa época e suas consequências para a evolução filosófica e teórica do que veio a ser entendido por "marxismo-leninismo", ou *diamat*, ver Sochor (1987), Strada (1987), Scherrer (1986), todos eles autores de capítulos incluídos na monumental *História do Marxismo* organizada por Eric Hobsbawm, em 13 volumes.

pensadores "independentes", muitas vezes influentes no mundo acadêmico ou intelectual mais amplo, mas pouco incidentes sobre as práticas políticas dos partidos comunistas e suas áreas mais próximas de influência.

Exemplo de como essas polêmicas podiam ganhar dimensões imediatamente políticas nos dá Henri Lefèbvre. No "Prefácio" que escreveu para a segunda edição, de 1969, do seu *Lógica formal, lógica dialética,* Henri Lefebvre nos informa que esse livro, cuja primeira edição data de 1947, fazia parte de um *ambicioso projeto* sobre a lógica dialética que deveria resultar em outros oito tomos, cada um dedicado ao tratamento dialético de diferentes campos de saber. O projeto foi abortado por *condições políticas.* O primeiro volume sofreu fortes críticas e oposições do *establishment* comunista porque não "contribuía para a elaboração de uma lógica proletária". Era uma época na qual se acreditava em uma *ciência proletária* em oposição a uma *ciência burguesa.* Uma das principais críticas ao livro denunciava-o por ter "'hegelianizado' a dialética marxista" (LEFEBVRE, 1991, p. 01-02).

O mesmo tipo de polêmica também aparece no Brasil. Caio Prado Júnior faz comentário muito similar, em nota de rodapé, no início do primeiro capítulo de suas *Notas introdutórias à Lógica Dialética* (PRADO Jr., 1968, p. 13). "Alguns críticos" ao seu anterior *Dialética do conhecimento* acusaram-no de "hegeliano e idealista" porque "fazia da dialética uma lógica, portanto um fato mental!". Ao que tudo indica, tais críticos ignoravam que, longe de ser um "fato mental", a lógica de Hegel era ao mesmo tempo uma *ontologia,* cujo sistema categorial pretendia conceituar a própria estrutura dinâmica e contraditória da realidade, sua *dialética* imanente, de um modo tão preciso e completo que ela pudesse ser *refletida* com a máxima acurácia pelo pensamento especulativo ou dialético subjetivo. O fato mental seria então expressão dessa imanência objetiva, expressão mediada precisamente pelo quadro categorial da lógica, não reflexo imediato. Nesse sentido, retomando a imagem de Vieira Pinto que apresentamos acima, a lógica de Hegel seria uma lógica do fermento, não da fôrma. Assim, para Hegel, conforme sintetiza Ilyenkov:

> Categorias lógicas são estágios (passos) na cognição, desenvolvendo o objeto em sua necessidade, na sequência natural das fases de sua própria formação, e de modo alguns dispositivos técnicos dos homens impostos ao tema, como se fossem um balde de brinquedo com o qual as crianças fazem bolos de areia. (ILYENKOV, 1977, p. 103).

No auge da maturidade intelectual, o próprio Marx "se ocupou com renovada intensidade da lógica de Hegel. Em 1858, nasce inclusive o projeto de elaborar concisamente, em um breve escrito, aquilo que havia de racional na obra de Hegel." (LUKÁCS, 1968, p. 74)

Nos termos de Marx, no prefácio à segunda edição do Capital:

> Critiquei a dialética hegeliana, no que ela tinha de mistificação, há quase 30 anos, quando estava em plena moda. Ao tempo em que elaborava o primeiro volume de *O capital*, era costume dos epígonos impertinentes, arrogantes e medíocres que pontificavam nos meios cultos alemães comprazerem-se em tratar Hegel [...] como um "cão morto". Confessei-me, então, abertamente discípulo daquele grande pensador, e, no capítulo sobre a teoria do valor, joguei, várias vezes, com seus modos de expressão peculiares. A mistificação por que passa a dialética nas mãos de Hegel não o impediu de ser o primeiro a apresentar suas formas gerais de movimento, de maneira ampla e consciente. (MARX, 2002, p. 28-29)

Em sua exposição, Vieira Pinto se nos aparenta mais próximo do pensar hegeliano, despojado do seu idealismo, conforme interpretado por Prado Júnior, Lefèbvre ou, ainda, Lukács de *História e consciência de classe*, outra obra "condenada" pelo marxismo "oficial" (SOCHOR, 1987). Conforme veremos, assim como esses, Vieira Pinto dará grande importância às categorias totalidade, ação recíproca e mediação. Também reinterpretará o "reflexo" que a *diamat*, não raro, nos apresenta como "fotografia" ou "cópia", no cérebro, da realidade exterior, a exemplo de Yajot (s/d, p. 76):

> Primeiro a realidade e depois o reflexo, o pensamento sobre ela. Esse é o motivo por que Lênin dissera que o pensamento é uma cópia, um reflexo, uma fotografia da realidade. Nele se reproduz, se representa, se fotografa a realidade (idem, p. 74)[11].

*\*\*\**

Escrever essas notas teve por motivação inicial ajudar a divulgar a obra de Vieira Pinto, alinhavando alguns pontos que nos parecem axiais no seu pensamento, visando motivar seu estudo aprofundado na academia e nos movimentos políticos. Está focado na leitura de *O Conceito de Tecnologia*, obra da fase final de sua vida, por isto mesmo onde mais madura e consistentemente pôde expor a sua compreensão do materialismo dialético. Interessou-nos, aqui, captar e apresentar o que nos parecem ser os elementos centrais dessa compreensão justo porque, conforme exposto mais acima, havia à sua época uma disputa, se pudermos dizer assim, sobre a verdadeira" dialética e, nessa disputa, Vieira Pinto poderia ter dado

---

11 Esse livro é exemplo de compêndio com finalidades didáticas, no qual o "materialismo dialético" nos é apresentado nos termos estabelecidos por Lênin em *Materialismo e empiriocriticismo*.

uma grande contribuição se suas obras – e não só *O Conceito de Tecnologia* – estivessem sendo publicadas e estudadas; mas ainda pode seguramente dar, nestes nossos ecléticos dias correntes, ao menos para aqueles e aquelas que não se alienaram de seus compromissos materialistas e realmente transformadores.

Entendemos que Vieira Pinto, ao longo de toda esta obra, foco deste texto, nos remete a quatro categorias dialéticas, mas, não, como "leis da dialética": totalidade, ação recíproca, mediação e "reflexo". Dialogando com pensadores que também investigaram essas categorias, buscaremos situar nosso autor, ainda que introdutoriamente, nos meandros do debate sobre o que se entende por materialismo dialético e, adicionalmente, sobre como o materialismo dialético pode abordar o conceito de informação e demais aspectos da cibernética nesta nossa sociedade por alguns dita "da informação". Veremos, com Vieira Pinto, que todas as sociedades humanas sempre foram e são "da informação": "a informação só tem sentido enquanto *existencial* do homem", afirma ele (2005b, p. 405, itálico nosso – MD, MS). Ou seja, a compreensão materialista dialética da informação nos remete diretamente à ontologia do ser social.

## Totalidade

Decreta Lukács, em *História e consciência de classe*: "é o ponto de vista da totalidade e não a predominância das causas econômicas na explicação da história que distingue de forma decisiva o marxismo da ciência burguesa" (LUKÁCS, 1989, p. 41).

De um ponto de vista inicial, a totalidade é o universo. Mas o ser humano pensa, sonha, deseja, fantasia, além de estar imerso nas relações sociais de seu tempo histórico, resultado, por sua vez, da própria história dessas relações sociais desde priscas eras.

A totalidade também inclui essas dimensões do ser humano. Por óbvio, se estamos imersos na totalidade e se almejamos conhecê-la, não temos, porém, nem individualmente, nem nas nossas relações sociais imediatas, nem também nos nossos recursos técnicos, os meios de totalmente abarcá-la. Só acessamos, num primeiro momento, o que podemos perceber através dos nossos sentidos. E pelo processo do conhecimento, pelo "ato", vamos cada vez mais incorporando ao nosso saber (socialmente falando), dimensões crescentes do universo, da história e das nossas fantasias. Na busca da totalidade, vamos escavando o conhecimento como se fossem cascas de cebola, conscientes de que o conhecimento total, como a linha do horizonte, sempre estará inalcançável lá adiante, sem deixar de estar ao mesmo tempo visível ali na frente. Muito resumida e esquematicamente, tal é a relação entre a nossa *experiência vivida* e o princípio ontológico e gnosiológico da totalidade que, para Lukács, "é o portador do princípio revolucionário da ciência" (Idem, Ibidem).

Em Vieira Pinto, parecendo dialogar com Lukács, a totalidade – que é "fundamentalmente o ser objetivo" (2005b, p. 108) –, situa-se na realidade que nos envolve, concretiza-se nas relações inevitáveis, diretas ou indiretas, entre os entes presentes nessa realidade. Essas relações são percebidas e, a partir daí, apreendidas e pensadas conforme condições que são determinações próprias de cada segmento passível de ser observado e estudado, e, integradas pelo pensar dialético, fazem-se "universais lógicos". A consciência é, para Vieira Pinto, a forma mais complexa de movimento da matéria. Por isso, ela é capaz de abranger e entender as demais manifestações desta, mas, agora, num processo lógico, processo subjetivo, processo que após captar, num primeiro momento, segmentos da realidade, pode, por ser lógico e orientado pela dialética, integrar esses segmentos na totalidade das suas relações.

porque o que para ela representaria as "leis" são as formas mais gerais do movimento da matéria cuja expressão constitui a dialética. Somente por necessidade didática se aplica o nome de "leis", chamando-as de "leis da dialética", ao que na verdade são os conceitos ou os modos amplos de percepção das transformações manifestadas naquelas formas universais do movimento da realidade. Não há leis situadas acima das que são dialeticamente abstraídas em caráter absoluto pela consciência. A totalidade é a única e universal lei da realidade, a que exprime a inclusão de qualquer ser ou fenômeno, com sua legalidade específica, num processo único que a consciência reflete, não por havê-lo adquirido ou composto mediante a reunião de aspectos sucessivos das transformações empíricas do mundo, mas pela apreensão das relações internas, dialéticas, presentes em qualquer porção do todo, e que o exprimem enquanto unidade material de tudo o que existe (Idem, Ibidem).

*"A totalidade é a única e universal lei"*: Vieira Pinto nos sugere entender, sem citar diretamente, as "leis da dialética" de Engels (e da *diamat*) como mera necessidade didática. Muito possivelmente, não teria sido com essa finalidade com que Engels as formulara numa obra, porém, que permaneceria inconclusa, logo também com muitos tópicos apenas indicativos, aguardando maiores desdobramentos e explicações[12]. De imediato, em seguida, Vieira Pinto nos introduz à sua compreensão do "reflexo": como tal

---

12  A *Dialética da natureza* (ENGELS, 2020), publicado pela primeira vez na União Soviética, em 1925, é um livro evidentemente inacabado e fragmentário. Apesar disso, algumas das suas teses foram incorporadas ao "marxismo-leninismo". Intelectuais identificados ao chamado "marxismo ocidental", por sua vez, rejeitaram a naturalização da dialética que parece emergir dessa obra (ver a "Introdução" de Ricardo Musse à edição citada). Por outro lado, para o próprio Hegel, a dialética é imanente ao real e o pensamento, quando correto, isso é, dialético, expressa essa imanência mediante conceitos que são formas do Ser.

deve-se entender não a "reunião de aspectos sucessivos das transformações empíricas do mundo", mas a "apreensão das relações internas, dialéticas, presentes em qualquer porção do todo". (Idem, Ibidem). Convenhamos, uma imagem refletida nos permite reunir, como se fossem cenas de um filme, movimentos em sucessão, mas apreender suas relações internas exige um esforço – mental – que vai muito além do que se pode captar nessas imagens mesmas, esforço esse que mobiliza a memória, os objetivos, e todo um amplo repertório sociocultural da consciência que "reflete" aqueles movimentos, ou seja, exige mobilizar *mediações* que a noção de "reflexo" não pode incorporar, exceto se o próprio significante é relacionado, como parece em Vieira Pinto, a um outro, embora próximo, *significado*: refletir. Ou seja, *pensar*. Voltaremos a este ponto mais à frente.

Imediatamente em seguida, acrescenta:

> Para que as formas mais complexas de movimento da matéria incorporem as menos complexas é necessária a atividade epistemológica do pensamento, que passa de um plano de mobilidade da matéria, com leis próprias, a outro onde o movimento se apresenta mais complicado e onde igualmente vigoram leis peculiares, de maior complexidade. A mesma maneira de raciocinar permite chegarmos a um plano ainda mais geral, com leis também mais complexas ainda, e por isso mais difíceis de apreender. Referimo-nos ao plano da consciência social que, embora não tendo sujeito individual que o represente com exclusividade, tem realidade objetiva, corresponde a formas de movimento da matéria que em relação ao indivíduo exibem um grau de universalidade superior ao da sua capacidade representativa, porquanto englobam uma dimensão temporal que sobrepassa a da existência individual e se apresentam como uma realidade permanente em constante desenvolvimento, *a cultura* (Idem, Ibidem, itálico nosso – MD, MS).

A objetividade dos processos, sejam quais forem, é inerente à materialidade deles – inclusive os processos subjetivos. São distintos modos, menos ou mais complexos, do movimento da matéria. Mas somente o mais complexo – a consciência – é capaz de apreender os demais e compreendê-los. Cada modo, no seu nível de complexidade, deve ter suas leis próprias de organização e movimento. As leis biológicas contêm as leis físicas, mas não se limitam a elas. As leis da consciência incorporam e vão além das biológicas e físicas. Aqui, manifesta-se uma dimensão da matéria exclusivamente humana: a cultura. Porque o ser humano distingue-se como tal por estar imerso nessa dimensão existencial que denominamos *cultura*, o movimento da matéria consciente obedece a leis muito próprias, as leis da história:

> A condição de existir na história confere ao homem não apenas a singularidade biológica por ele demonstrada, mas a peculiar maneira de ser, o que chamamos seu caráter existencial, que permite assumir o encargo de prolongar em formas inéditas o movimento evolutivo da matéria, a saber, a criação dos modos de produção econômica da existência, com a característica significação denominada cultura (Idem, p. 109).

## Ação Recíproca

"A natureza nos é dada como totalidade de ações recíprocas", dizem Lefebvre e Gutterman (2018, p. 37), num texto original de 1935, publicado no Brasil como "Introdução" aos *Cadernos filosóficos* de Lênin (2018). O Universo é um amplo conjunto de elementos que se atraem e se repelem, nisto se mantendo em permanente movimento pelo qual a matéria se modifica e evolui. Para Engels (2020, p. 211), esta é a segunda das três "leis da dialética": "interpenetração dos opostos". Politzer (1946) a denomina "lei da ação recíproca".

Vieira Pinto, além de não nos deixar em dúvida sobre a importância que atribui ao princípio da ação recíproca na lógica dialética, nos proporá uma solução extremamente original para o próprio conceito de informação na sua já muito original dialética da técnica e da tecnologia: a informação, para ele, é a própria substância material, da ação recíproca.

Diz-nos ele:

> Na natureza, os corpos estão constantemente atuando uns sobre os outros em *atuação recíproca* interminável, que se manifesta nas modalidades de ação mecânica, química, luminosa, térmica, elétrica, magnética etc. (VIEIRA PINTO, 2005ª, p. 475, itálico meu – MD).

Daí:

> Devemos procurar a origem da faculdade da informação, indo encontrá-la em uma propriedade universal da matéria, a de exercer constantes ações recíprocas entre suas partes, propriedade apresentada em grau qualitativamente superior na organização das estruturas vivas (idem, 2005b, p. 344).

Hegelianamente, Vieira Pinto busca a *gênese histórica do conceito* de informação. Surge quando as necessidades históricas do ser humano exigem-lhe elaborá-lo. É uma posição que atravessa toda a obra: as técnicas e tecnologias, com elas o conhecimento humano, avançam na medida em que as necessidades humanas, na sua contradição primordial com a natureza, demandam esse avanço. Daí também que as técnicas e tecnologias de qualquer grupo humano não estariam "mais avançadas" ou "menos avançadas", mas serão aquelas que respondem às necessidades vitais, logo culturais, de qualquer grupo e, por isso, serão tão "avançadas" quanto quaisquer outras desenvolvidas conforme outras necessidades. Na sua evolução, somente em meados do século XX, por fatores que não cabe aqui explanar, a sociedade se colocou a necessidade de desenvolver os objetos cibernéticos e a teoria que os expressa.

> A informação sempre existiu na convivência humana, que seria impossível sem ela. Sendo uma propriedade geral da interação da matéria, particularmente diferenciada nos seres vivos, não poderia deixar de estar presente no homem. O fato importante, porém, a assinalar reside na evolução do modo em que se realiza nas diversas estruturas que a manifestam, e, no estágio humano, na variação de seu significado de acordo com a prática social. Em todas as fases da existência pretérita a humanidade empregou os meios de comunicação de que precisava para efetuar e regular a produção social [...] Assim, o que antes era examinado numa filosofia empirista sob o nome de "percepção", originando as correspondentes teoria cognoscitivas, agora passou a chamar-se "informação", com as atuais conotações. Em essência, porém, o conteúdo de ambos os conceitos continua o mesmo, a relação entre a consciência cognoscente e a realidade exterior, nesta incluída as manifestações originais das demais consciências. Foi sempre a prática social que determinou o dado que, para cada época, se devia entender por "informação" (Idem, p. 348, MD, MS).

Por isso, para

> examinarmos em amplitude *o processo lógico de que se gera o conceito*, temos de ir às formas mais gerais do movimento da matéria, às reações inorgânicas do mundo físico, depois, já em plano mais complexo, às formas de relacionamento da matéria tornada viva, nos seres vegetais e [animais], subindo em escala progressiva de complexidade e clareza relativas até a completa realização na condição existencial do ser humano na esfera da consciência (Idem: p. 31, itálicos nossos – MD, MS).

A informação encontra-se nas relações, interações, internas aos três grandes níveis em que se pode dividir a organização da matéria em movimento, assim como nas que se estabelecem também nas fronteiras entre eles: o inorgânico, o orgânico (biológico) e o sociocultural (orgânico humano). Mas sua compreensão e conceituação tem uma história, são produtos de um "processo lógico", ou seja, processo mental, subjetivo, pelo qual vamos encontrá-la nas formas "mais gerais do movimento da matéria", naquelas ações mecânicas, físicas, químicas etc., daí ascendendo à matéria biológica até alcançar, em crescente complexidade, o ser humano e sua consciência:

> A informação define o aspecto pelo qual apreendemos em forma mais geral o exercício contínuo da atividade prática do homem que opera sobre o mundo, resolvendo sua contradição fundamental com ele a fim de produzir os meios para sobreviver. Não tem origem anterior ao surgimento da matéria viva, a não ser em forma de ações recíprocas puramente inorgânicas e no homem se confunde com o desempenho da atividade racional. Sabemos que esta consiste em pensar os dados da realidade e com eles conceber os meios de transformá-la. Por esse motivo, a informação apresenta-se sob o duplo aspecto de aquisição de dados objetivos e de atividade de transformação das estruturas materiais e sociais da realidade (Idem, p. 365).

Ora, esse movimento humano de aquisição de dados e com eles agir na sua realidade, vem a ser exatamente *trabalho*, no significado existencial humano que lhe dá Vieira Pinto. Rejeitando significados estreitos, lógico-formais, quando não preconceituosos de trabalho, ele afirma:

> Por falta de compreensão crítica do que seja o trabalho, deixa-se de interpretá-lo em seu verdadeiro significado

de relação permanente do homem, socialmente existente, com o mundo exterior, que deve transformar para nele subsistir. [...] *O trabalho constitui um existencial do homem, um aspecto definidor do seu ser, tal como a técnica*, porque não se pode conceber o indivíduo humano se não em sua qualidade de trabalhador [...] O homem tem de trabalhar, porque essa é a via que biologicamente o processo de hominização tomou, quando o modo de produção da existência para esse ser revestiu-se do caráter de produção social (VIEIRA PINTO, 2005a, p. 414 *passim*, itálicos nossos – MD, MS).

Pelo trabalho, ser humano e natureza modificam-se em ação recíproca posto que, ao modificar a natureza, o ser humano não pode também deixar de modificar a si próprio. Esse trabalho "confunde-se" com a informação: *trabalho informacional* (DANTAS, 1999; 2018; 2022). Não haverá informação sem trabalho, nem trabalho sem informação. A categoria de ação recíproca, conceito filosófico que explica o princípio do movimento da matéria, ganha, com Vieira Pinto, corporificação enquanto informação materialmente presente nas infinitas formas interacionais da matéria, com destaque qualitativo necessário para a mais complexa delas, a mente humana.

## Mediação

Em uma exposição didática, o filósofo canadense Charles Taylor apresenta o conceito hegeliano de mediação em articulação à noção de totalidade, ou ao todo, nos seguintes termos:

Na linguagem de Hegel, podemos falar de algo como "imediato" (*unmittelbar*) quando existe por si mesmo, sem estar relacionado necessariamente com algo diferente. Não sendo assim, ele é chamado de "mediato" (*vermittelt*). Se, no plano da linguagem comum, e não no da filosofia especulativa, eu falar de alguém como ser humano, estarei falando dele como algo "imediato", porque (nesse plano de linguagem, de qualquer modo) um ser humano pode existir por si mesmo. Porém, se falar dele como pai, irmão ou filho, então ele será considerado "mediato", porque ser pai, irmão ou filho exige uma relação com alguém diferente dele mesmo.

O argumento de Hegel é que todas as descrições das coisas como imediatas, quando examinadas mais de perto, acabam sendo inadequadas; todas as coisas revelam uma relação necessária com algo distinto e, em última instância, com o todo. O todo em si pode ser caracterizado como imediato, como Hegel às vezes afirma; mas ele logo acrescenta que essa imediatidade contém metiatidade; e isso pela razão óbvia de que o todo não pode ser afirmado sem que se afirme o dualismo cuja superação ele é. Para afirmar o todo, temos de enunciar dois termos em oposição e, não obstante, em relação necessária (logo, mediatos), e caracterizar o todo como a superação dessa oposição (logo, também mediato). (TAYLOR, 2014, p. 131-32)

Lukács, por sua vez, nos auxilia a entender a relação entre mediação e mudança:

Para poder compreender a mudança, o pensamento deve ir além da separação rígida dos seus objetos; deve pôr no mesmo plano da realidade as relações entre eles e a interação entre essas "relações" e as "coisas". Quanto mais nos afastamos da simples imediatidade, mais se alargará a rede dessas "relações", mais integralmente as "coisas" se incorporam no sistema dessas relações e mais a mudança parece perder o seu caráter incompreensível, despojando-se da sua essência aparentemente catastrófica e tornando-se assim compreensível.

Mas isso só se dá caso esta superação da imediatidade torne os objetos mais concretos, caso o sistema conceitual das mediações a que assim se acede seja (para empregar a feliz expressão de Lassale a propósito de Hegel) a totalidade da experiência (LUKÁCS, 1989, 173-174).

Exemplo dessa dialética encontramos na relação entre a produção e consumo, conforme Marx, num texto publicado como "Introdução" aos *Grundrisse*:

> [...] a produção é imediatamente consumo e o consumo é imediatamente produção. Cada um é imediatamente seu contrário. Mas tem lugar simultaneamente um movimento mediador entre ambos. A produção medeia o consumo, cujo material cria, consumo sem o qual faltaria-lhe o objeto. Mas o consumo também medeia a produção ao criar para os produtos o sujeito para o qual são produtos. Somente no consumo, o produto recebe o seu último acabamento. Uma estrada de ferro não trafegada que, portanto, não é usada, consumida, é uma estrada de ferro apenas [potencialmente], não efetivamente. Sem produção, nenhum consumo; mas também, sem consumo, nenhuma produção pois nesse caso a produção seria inútil (MARX, 2011, p. 46).

O ato de consumir se inicia na percepção do produto, mas o ato de produzir parte da percepção do consumidor. Percepção não apenas, ou menos, dos sentidos, mas, em geral, determinada pelo conhecimento ou experiência acumulados, vivenciados. O produtor sabe, porque inserido na realidade social, cultural, o que pode ou deve produzir; aquilo que a sua sociedade está habituada a consumir. O consumidor também sabe, porque inserido na mesma realidade cultural, aquilo que lhe será oferecido ao consumo. Está educado, na sua vivência, para determinadas formas de consumo, não para outras. O chinês come naturalmente carne de cachorro, logo o produtor chinês cria cachorros para a alimentação humana. Tanto do ponto de vista da produção, quanto do consumo, esse ato é impensável na cultura ocidental. Produção e consumo, antes de serem relação econômica, constituem, na unidade, relação *cultural*.

Por isto, esta relação imediata é também mediata – nada mais hegeliano! O produto está inserido num sistema de relações significativas (que Marx denominará *valores de uso*) próprias do ato social de consumir que orientam o processo de produção, processo este, por sua vez, também determinado por aquelas relações. Nessas relações, o produto é proposto como "ideia" pelo consumo; como formas e conteúdo do material a ser consumido, como "desenho", digamos assim, cabendo à produção materializar essas formas e conteúdo nas substâncias físico-químicas do objeto. Noutras palavras, consumo e produção, ou produção e consumo, se constroem em ação recíproca na totalidade social.

Portanto, conforme Lukács:

> [...] ir além da experiência só pode significar isto: os objetos da própria experiência são apreendidos e compreendidos como momentos da totalidade, isto é, como momentos do conjunto da sociedade em plena convulsão histórica. A categoria da mediação como alavanca metodológica para ultrapassar a simples imediatidade da experiência não é, portanto, algo de importado do exterior (subjetivamente) para os objetos, não é um juízo de valor ou um dever que se oponha ao seu ser, é a *manifestação de sua própria estrutura objetiva* [...] A mediação seria impossível se a existência empírica dos objetos não fosse já uma existência mediatizada que assume a aparência de imediatidade apenas porque, e na medida em que, por um lado, falta a consciência da mediação, e, por outro lado, porque os objetos (justamente por isso) foram arrancados ao complexo de suas determinações reais e colocados num isolamento artificial (1989, p. 182, itálicos no original).

Na mesma linha de Lukács, reconhecida a totalidade do universo nas muitas relações ou ações recíprocas informacionais entre as diferentes partes ou níveis contraditórios que o compõe e, daí, o acesso a essa totalidade conduzida pela informação consciente exclusiva do ser humano, Vieira Pinto afirmará que essa relação entre a consciência e a realidade a ela externa é mediada pelo trabalho, base da cultura e, nesta, da linguagem.

> O homem não se relacionará mais diretamente com a natureza, não sofrerá imediatamente a submissão a suas leis, porém entrará em ligação com ela dialeticamente, isto é, pela interposição da organização social. Por isso, as leis do mundo inerte não o dominarão mais direta e exclusivamente, e sim pela mediação das leis sociais. Estas começam a ter vigência quando se instala, para o novo ser, a possibilidade, e logo a seguir, a indispensabilidade do trabalho, que será o principal fator na formação do homem, constituindo a base da cultura e da linguagem (2005a, p. 75).

Qualquer animal, na relação com o ambiente à sua volta do qual retira suas condições de sobrevivência, não pode agir além dos limites genéticos e instintivos permitidas pelo seu corpo: estabelece uma interação informacional direta com o seu ambiente, apenas reconhece, *ou reflete*, nessa interação, as suas possibilidades de sobrevivência. O ser humano, ao contrário, nos diz Vieira Pinto "entra em contato com os corpos exteriores e suas propriedades *por via indireta*, não exclusivamente pela percepção, mas pela formação da imagem, elevada à categoria de ideia geral" (idem, p. 165, itálicos nossos – MD, MS). Prossegue:

> Assim, o homem, diferentemente do animal, que se limita a reconhecer a natureza, conhece o mundo mediante a experiência e a prática, criadora de ideias, processo cognitivo peculiar à espécie. Age livremente

em virtude da capacidade de combinar as ideias no ato da concepção de finalidade e na operação com que tenta levar à prática a realização destas. A via indireta que separa o conhecer do simples reconhecer, consiste na produção, primeiramente da ideia, e depois dos objetos e máquinas, que se faz pela ação técnica. A dignidade biológica do homem, pela qual se distingue das espécies inferiores, reside na possibilidade de produzir. Porque mediante tal ato transforma o mundo à imagem do que pretende venha a ser a realidade física e social, e com esse procedimento modifica-se a si próprio, cria a sua existência. Torna-se o ser obrigado a conhecer para subsistir (Idem, Ibidem).

É o ser humano que transforma o mundo à sua imagem, põe-no na forma como "pretende venha a ser a realidade física e social", neste processo modificando-se a si mesmo, "criando a sua existência". Numa palavra que não encontramos em Vieira Pinto, mas vamos encontrar aqui e ali em Caio Prado Jr. e em Lukács, nestes, no entanto como se fosse mera expressão circunstancial, o ser humano *constrói* o seu conhecimento porque constrói a sua existência.

"Esse processo chama-se cultura", prossegue Vieira Pinto (Idem, Ibidem). A dimensão cultural existencial do ser humano atravessa toda o seu pensamento.

O homem é o único animal que não precisa mudar de espécie para evoluir, porquanto o faz pela via cultural, pela prática da aquisição do conhecimento, cujo correlato se encontra na ação técnica modificadora da realidade. O animal evolui na natureza, o homem evolui na história. Melhor dito, é a natureza que evolui no animal, e por isso esse processo transcorre no puro tempo físico, a chamada "história natural". No homem, o processo desenrola-se no tempo historicizado, a saber no plano da cultura. Por isso a história natural do homem apresenta-se agora sob a forma de história natural da cultura. A técnica pertence exclusivamente a esta última. A história natural da cultura tem de ser entendida em função do movimento da base material onde assenta (Idem, p. 165-166).

Pelo trabalho, o ser humano se constitui. Com o trabalho necessariamente torna-se técnico, não antes ou depois, mas no trabalho mesmo, na sua evolução, desde o primeiro ato de algum indivíduo primordial que já pudesse ser entendido e definido como trabalho... e como técnica. Por isso,

> O homem adquiriu a condição biológica peculiar que possui por ter ingressado no plano do exercício social da existência, ao estabelecer definitivamente uma mediação material entre ele e o mundo onde tem de operar. A mediação não pode faltar nunca, pois estabelece o sinal da razão em ação, sob pena de não haver trabalho, nem, por conseguinte o próprio homem. Que a mediação seja realizada por meio deste ou daquele tipo de instrumento ou máquina, é um aspecto da questão inteiramente indiferente do ponto de vista dos princípios lógicos, manifestados em um critério racional dialético, só se referindo ao exercício histórico da racionalidade no desenvolvimento efetivo (Idem, p. 427).

Vieira Pinto é assertivo:

> Estamos, com efeito, nos referindo ao processo de formação do homem por ele mesmo, processo que, sendo material, pertencendo à natureza, mas desenvolvendo-se em condições sociais, exige o apelo à categoria dialética de mediação para se entender a passagem de uma fase a outra (Idem, p. 428).

A mediação não pode faltar nunca – será difícil encontrar essa categoria em Lênin, daí nos manuais de marxismo-leninismo[13]. Será que é a estes que Vieira Pinto se refere nesta seguinte passagem?

> A grande deficiência das *interpretações positivistas da dialética*, deixando de lado, está claro, as meras especulações impressionistas, sem seriedade, consistem no esquecimento da mediação representada pela evolução do cérebro humano que condiciona a possibilidade do aparecimento das máquinas em geral e dos autônomos em particular. (2005b, p. 155, itálicos nossos – MD, MS)

## Vieira Pinto e a "teoria do reflexo"

O "reflexo" já estava posto em Engels e já estava criticado por Lukács em *História e consciência de classe*:

> Se não há 'coisas', o que é então que se 'reflete' no pensamento? É impossível expor aqui, até alusivamente, a história da teoria do reflexo, embora só ela pudesse evidenciar todo o alcance do problema. Com efeito, na doutrina do 'reflexo' objetiva-se teoricamente a dualidade insuperável – para a consciência reificada – do pensamento e do ser, da consciência e da realidade. E *deste ponto de vista* vem a dar no mesmo que as coisas sejam captadas como reflexos dos conceitos ou os conceitos como reflexos das coisas. (LUKÁCS, 1989: 222, itálicos no original)

---

13 Em *Cadernos filosóficos*, que Lefèbvre e Gutterman (2011) consideram um "progresso no pensamento" de Lênin, este cita, uma ou outra vez, passagens de Hegel nas quais a palavra "mediação" aparece, como neste exemplo: "A verdade da relação consiste, portanto, na mediação... (167)" (Hegel, *apud* LÊNIN, 2021: pg. 166). Mas apenas copia esses trechos, nesse exercício de fichamento que são esses Cadernos. Não parece extrair daí nenhuma maior reflexão teórica.

Posteriormente, o mesmo Lukács iria assumir a categoria, mas nos seus próprios termos:

> A ruptura do materialismo com a filosofia idealista se revela precisamente nisto: em estabelecer firmemente a prioridade da realidade objetiva comum. [...] A concepção dialética no interior do materialismo [...] insiste, por um lado, nesta unidade conteudista e formal do mundo refletido, enquanto, por outro lado, *sublinha o caráter não mecânico e não fotográfico do reflexo*, isto é, a atividade que se impõe ao sujeito (sob a forma de questões e problemas socialmente condicionados, colocados pelo desenvolvimento das forças produtivas e modificados pelas transformações das relações de produção) quando ele constrói concretamente o mundo do reflexo. (1968, p. 160, itálicos nossos – MD, MS)

Vivendo (e sobrevivendo) na União Soviética, Lukács incorpora o "reflexo" às suas reflexões, não mais como "fotografia", mas como "atividade que se impõe ao sujeito[...] quando ele constrói concretamente" esse mundo que reflete. O "reflexo" parece subordinado à ação, integra o processo do pensamento de construção do real.

Raymond Willliams (1979), que recusa a dicotomia infraestrutura-superestrutura pois, para ele, a cultura é *constitutiva* do ser humano (assim como para Vieira Pinto), também rejeitará a teoria do "reflexo", entendendo-a como decorrência desse mesmo dualismo epistemológico. Por tal dicotomia, a arte passa a ser vista como "reflexo" das condições socioeconômicas e toda crítica de arte e cultura passa a buscar a "conformidade" ou "inconformidade" da obra com a "realidade" (social).

> A consequência mais prejudicial de qualquer teoria da arte como reflexo é que, através de sua persuasiva metáfora física (na qual um reflexo simplesmente ocorre,

dentro das propriedades físicas da luz, quando um objeto ou movimento é colocado em relação com uma superfície refletidora – o espelho e então a mente), consegue suprimir o trabalho real no material – num sentido final, o processo social material – que é a feitura de qualquer obra de arte. Projetando e alienando esse processo material como reflexo, o caráter material e social da atividade artística – daquela obra de arte que é ao mesmo tempo "material" e "imaginativa" – foi eliminado. Foi a essa altura que a ideia do reflexo foi desafiada pela ideia da "mediação". (Idem, p. 100-101)

Ao contrário do "reflexo", a mediação, segundo Williams, "pretendia descrever um processo ativo" (Idem, Ibidem). No entanto, ela também, num sistema epistemológico dualista, pode ser entendida como meio de "deformar" a realidade, abordagem que teria sido "corrigida" pela Escola de Frankfurt, segundo a qual, "a mediação está no objeto em si, não em alguma coisa entre o objeto e aquilo a que é levado" (Idem, p. 101-102).

Nesse caso, ou bem deixa-se de lado o "reflexo" e seus significados, assumindo-se a mediação como categoria que explica o agir no mundo, ou bem a mediação não passará de uma "sofisticação do reflexo" (idem, ibidem).

Já tivemos oportunidade de observar que Vieira Pinto, assim como o Lukács maduro, parece ressignificar a "teoria do reflexo" num sentido parecido. Escreveu ele:

> A consciência constitui o conjunto dos reflexos das propriedades das coisas e dos fenômenos físicos ou sociais, das percepções de relações legais objetivas, que o universo material ocasiona na particular estrutura da matéria representada pelos constituintes das estruturas das células nervosas, especialmente as dos órgãos centrais superiores do homem. A cumulação de reflexos é ocasionada pelo processo evolutivo hominizador,

> sempre dependente das condições da realidade que vai
> sendo percebida e das condições do sujeito cognoscente,
> que nas etapas avançadas da produção correspondeu à
> posição do indivíduo na sociedade a que pertence. As
> ideias, desse modo adquiridas diretamente pelo sujeito,
> permitem ao longo do desenvolvimento da cultura um
> trabalho de nível qualitativamente superior, que se
> torna possível pela ligação entre elas e pelo estabeleci-
> mento de relações que poderão, ou não, refletir relações
> idênticas existentes entre os dados da realidade. Em tal
> caso, a prática confirma a natureza objetiva, real, das
> conexões instituídas no plano do pensamento. (2005b,
> p. 261, itálicos nossos, MD, MS)

Nessa passagem, observa-se um conjunto de conceitos inter-ligados pela categoria "reflexo". O conceito de consciência que, conforme definida, pode ser entendida como memória social, ou memória histórica, isto é, a memória constitutiva da espécie animal humana: a consciência é o "conjunto de reflexos" acumulados ao longo do "processo hominizador", registrado nas "estruturas das células nervosas". A consciência será as relações físico-químicas, neurológicas, do cérebro conforme moldadas pela aprendiza-gem do indivíduo em seu meio social ("sempre dependente das condições do sujeito cognoscente"). O conceito de consciência, pois, pode ser identificado ao de *memória* que o indivíduo regis-tra ao longo de seu processo *social* de aprendizagem (na família, na escola, na igreja, no trabalho, nas vizinhanças etc.), pelo qual integra-se a algum grupo sociocultural. Por esse modo, o sujeito adquire e forma suas ideias, com as quais pode desenvolver um "trabalho de nível qualitativamente superior", no plano da cultura. Uma ideia, ainda que fundada na memória individual e social, já é uma *elaboração mental* pela qual o indivíduo efetua algum ato necessário às suas relações laborais e sociais. Está além de mero "reflexo". De fato, será a realidade, agora, que refletirá a ideia na forma do trabalho executado sobre ela. Por isto, nesse nível da cultura, estabelecem-se relações que podem, *ou não*, "refletir" as relações situadas na realidade. Então, está claro, o pensamento nem sempre reflete a realidade. O que irá determinar a coerência, não mais do "reflexo" com a realidade, mas a da ideia *formada no pensamento* com o mundo objetivo à sua volta, é a *prática*. Esse enunciado vieiriano parece nos remeter à tríade peirceana: *primeiridade* ("reflexo"), *secundidade* ("idéia"), *terceiridade* ("prática") (PEIRCE, 1977). O "reflexo" não está posto numa relação direta, "fotográfica", com o pensamento. A relação é *mediada* pela "ideia" e pela "prática". "A mediação não pode faltar nunca", já tinha nos ensinado Vieira Pinto.

Vieira Pinto associa o "reflexo" a formas avançadas de ação recíproca, logo de informação (no conceito científico, até ontológico), próprias dos seres vivos e, portanto, também do ser humano. Na continuidade do parágrafo citado mais acima no qual afirma que "na natureza, os corpos estão constantemente atuando uns sobre os outros em atuação recíproca interminável", ele acrescenta:

> Já no estado bruto é possível, embora com significação de caso-limite inferior, falar do reflexo dos corpos uns sobre os outros, entendendo-se que o termo "reflexo" não significa uma simples metáfora, uma expressão retórica, mas o princípio dialético objetivo da ação recíproca. Sem dúvida nesse plano não pode haver percepção das ações mas há o entrosamento mútuo dos efeitos de uns corpos sobre outros, o que indica pertencerem todos a uma natureza material que irá, no correr da evolução, acentuar o fenômeno, fazê-lo ascender a formas mais altas de existência de conformidade com a crescente complexidade da organização da matéria, chegando ao grau das estruturas vivas, onde aquela qualidade primitiva assume inequivocamente o caráter de "reflexo" e inicia um desenvolvimento peculiar

que culminará com a percepção consciente do cérebro humano (VIEIRA PINTO, 2005b, p. 475-476).

Ao mesmo tempo em que a palavra "reflexo" vem aspeada, o que seria indicação, pelo próprio autor, do seu emprego pouco legítimo, é, porém, dito, por ele, não se tratar de metáfora, mas "princípio dialético objetivo da ação recíproca" na forma de "entrosamento mútuo" dos efeitos de uns corpos sobre outros que, no curso da evolução, ascenderá à condição de ações percebidas entre os seres vivos. Nesta condição assume "inequivocamente" o caráter de "reflexo" – aspeado... O "reflexo" deve ser "mútuo": não sou eu vendo minha imagem refletida, logo, projetada no espelho, mas também o espelho se vendo refletido, projetando-se, em mim. Não será, pois, a realidade refletida em minha mente, mas minha mente também refletida na realidade. Será legítimo atribuir-se tal significado "bidirecional" ao significante "reflexo"? Vimos antes, em Yajot, remetendo a Lênin, que "reflexo" seria "cópia" ou "fotografia" da realidade na consciência do sujeito – relação unidirecional.

Na continuação desse mesmo trecho, Vieira Pinto parece ir mais fundo na correção dessa simplista abordagem da *diamat*:

> O princípio da ação recíproca mais tarde, já no plano biológico, manifestar-se-á nas modalidades primárias dos tropismos, dos instintos animais e por fim, em plena esfera da consciência, na produção da ideia, resultado da cópia do dado exterior pela atividade representativa de que é capaz a substância das células nervosas corticais por intermédio da impressão exercida pelos objetos sobre os órgãos perceptivos. O mesmo princípio e as ideias produzidas pela consciência serão origem de atos humanos dirigidos ao cumprimento de finalidades preconcebidas de alteração da realidade (Idem, Ibidem).

Por "reflexo", então, entenda-se a atividade eletroquímica do cérebro captando as imagens externas (luminosas, sonoras, olfativas, táteis) que lhe chegam pelos sentidos perceptivos do corpo, a partir das quais serão "produzidas as ideias". Estas podem resultar das "cópias", mas já não se identificariam com essas "cópias".

Em uma outra passagem, Vieira Pinto, novamente parece querer corrigir o conceito, sem negar a palavra: é na continuidade de parágrafo também já citado acima, no qual busca a origem da "faculdade da informação" nas ações recíprocas entre as partes da matéria.

> [...] a comunicação entre o ser vivo e o ambiente processa-se na forma de reflexo dos corpos, fenômenos e relações do mundo exterior. O reflexo, por sua vez, admite, na sucessão evolutiva, uma primeira modalidade, a inconsciente, depois superada pela capacidade de representação abstrata em conceitos universais, na consciência do animal humanizado. Culmina com a *formação do segundo sistema de simbolização da realidade*, o aparecimento da palavra e de suas estruturas na linguagem articulada (Idem, p. 344, itálicos nossos – MD, MS).

O "reflexo" ganha história ("admite sucessão evolutiva"), primeiramente inconsciente (nos seres vivos não humanos), daí, nos seres humanos, tornando-se "representação abstrata" que leva ao desenvolvimento de um "segundo sistema de simbolização da realidade", ou seja, da linguagem.

> Ora, o instrumento fundamental, aquele que se constitui conaturalmente com a emergência do antropoide humanizado do estado de irracionalidade, é a palavra, transmitida a princípio oralmente e depois graficamente. A palavra funciona como instrumento de ação porque nela o animal em via de desenvolvimento da racionalidade foi depositando, em forma de sinais compendiados, primeiro acústicos depois escritos, portanto,

socialmente inteligíveis [...], o significado das coisas e fatos que o cercam, das experiências vitais de que participava e dos objetos sobre os quais intervinha para modificá-los em seu proveito. Com a introdução de um conteúdo semântico num acontecimento físico que de outro modo não passaria de simples fenômeno sonoro, a palavra tornou-se um instrumento social, porquanto permitia exercer ações a distância sobre outros seres humanos e, por intermédio destes, em regime de cooperação no trabalho, sobre a realidade física. [...] A palavra elevou-se então à condição de protoinstrumento, aquele que daí em diante comandaria a todos os demais. [...] Mas se por trás da ferramenta, desde a pederneira para faiscar fogo até o mais complexo computador, está a cultura que o engendrou, por trás desta, por sua vez está o homem vivo que adquiriu, *juntamente com a linguagem*, a possibilidade de executar eficazmente o trabalho de modificação da realidade. (Idem, p. 295-296, itálicos nossos – MD, MS).

O "reflexo" evoluiu para a linguagem, ferramenta que *medeia* a relação entre a consciência e a realidade, inclusive todas as demais ferramentas das quais o ser humano se serve para transformar a realidade. A realidade mesma não é uma realidade dada, mas a realidade em movimento, transformação, pela própria ação humana de transformá-la pela linguagem e suas demais técnicas e tecnologias. Talvez possamos admitir, numa concessão ao linguajar consagrado, que na *aparência imediata*, essa realidade se "reflete" nas conexões eletroquímicas cerebrais uma vez percebidas pelos sentidos. Mas a consciência humana obrigada, pela própria natureza constitutiva desse ser, a agir para transformar a realidade, *constrói* a realidade necessária à sua sobrevivência e evolução, logo *constrói* o conhecimento que atende a essas necessidades. Se a consciência pode ser definida como "acúmulo de reflexos", o *conhecimento* será produto desse "segundo sistema de simbolização" que se superpõe ao "reflexo" e pode mesmo não "refletir" a realidade pois será essencialmente determinado pelas condições sociais, aqui incluído os seus limites, do sujeito histórico. Para esse sujeito concreto, a realidade lhe será, não a que seu cérebro neurológico "reflete", mas aquela que o seu cérebro *social – pensamento, conhecimento* – pode imaginar e projetar, com acertos e erros, logo *construir.*

A capacidade humana de projetar é destacada por Vieira Pinto logo no primeiro capítulo de sua obra.

> A essência do projeto consiste no modo de ser do homem que se propõe criar novas condições de existência para si [...] O projeto é na verdade a característica peculiar, porque engendrada no plano do pensamento, da solução humana do problema da relação do homem com o mundo físico e social [...] A possibilidade de tal ação depende da capacidade abstrativa, que conduz a criar a imagem reflexa das propriedades dos corpos e fenômenos objetivos, e do poder de ligar uma imagem a outra, dando lugar a uma terceira. Esta porém será qualitativamente distinta, pois enquanto as duas primeiras são o reflexo, a cópia mental daquilo efetivamente existente, *a imagem com elas constituída é um inexistente, algo que apenas se acha em estado de projeto,* demandando, para concretizar-se, esforços tão elementares quanto lascar sílex ou tão grandiosos quanto a montagem de um acelerador de partículas [...] É indispensável compreender *só existir ação prática efetivamente humana quando movida pela imagem abstrata e pressentida do efeito a criar,* como exteriorização e consumação do projeto (2005ª, p. 55-57 *passim,* itálicos nossos – MD, MS).

Como naquelas outras passagens já citadas acima, aparece aqui, mais uma vez, uma "terceira dimensão" do processo de pensamento, "situada na raiz de toda práxis humana" (idem, ibidem): o projeto, entendido como o "relacionamento da ação a uma finalidade, em vista da qual são preparados e dispostos os meios necessários e convenientes" (idem: pg. 59). Das imagens "refletidas", o cérebro produz alguma nova "ideia" que não está no mundo ("inexistente"), mas que é existencialmente necessária para a ação do ser humano nesse mundo. Esta terceira dimensão que, já vimos, é o plano do simbólico através da linguagem, Vieira Pinto identifica às artes e à ciência e pode ser sintetizada na definição de conhecimento, conforme Caio Prado Jr.:

> O conhecimento constitui a ligação entre a ação passada e a ação futura: é o receptáculo da experiência adquirida naquela ação passada que se destina a fornecer os padrões para esta última ação futura. E fará isso convenientemente, na medida em que inspirando-se na primeira, for capaz de exibir eventualmente as circunstâncias e feições da realidade objetiva na qual e em função da qual o homem tem de agir (1969, p. 107).

Na linguagem de Vieira Pinto, dado o acúmulo de reflexos na consciência, produzem-se as ideias que nortearão, isto é, projetarão, a ação.

Nas suas anotações à *Ciência da lógica*, Lênin comentou que seria impossível entender *O Capital* de Marx, sem "ter estudado a fundo e sem ter compreendido *toda a lógica* de Hegel. Como consequência, meio século depois, nenhum marxista entendeu Marx" (LÊNIN, 2021, p. 191). Nem ele, Lênin, ao menos até então.

Estudando Hegel, Lênin refaz sua compreensão do "reflexo". Este já não é tão simples, como entendeu Yajot:

> A lógica é a doutrina do conhecimento. É a teoria do conhecimento. O conhecimento é o reflexo da natureza pela humanidade. Mas não é um reflexo simples, não é imediato, não é completo, mas o processo de uma série de abstrações, da formação, da constituição

dos conceitos, das leis etc., e precisamente esses conceitos, leis etc. (pensamento, ciência = "ideia lógica") abarcam ainda, condicional e aproximativamente, a conformidade universal a leis da natureza em perpétuo movimento e desenvolvimento. Aqui há de fato, de modo objetivo, três membros: 1) a natureza; 2) o conhecimento humano = o cérebro humano (como produto superior dessa mesma natureza); 3) a forma do reflexo da natureza no conhecimento humano, e essa forma são justamente os conceitos, as leis, as categorias etc. O homem não pode abarcar = refletir = representar a natureza toda, inteiramente, sua "totalidade imediata", pode apenas perpetuamente se aproximar disso, criando abstrações, conceitos, leis, um quadro científico do mundo, e assim por diante (LÊNIN, 2018, p. 193).

Lênin não abriu mão da palavra, mas, convenhamos, alargou em muito o seu significado – do reflexo à *reflexão*[...]

Vimos que Vieira Pinto associa a categoria da ação recíproca ao conceito ontológico de informação: esta é a interação material presente em todas as formas de ação dos corpos uns sobre os outros. Nos seres vivos, a informação é inerente às suas condições de sobrevivência e reprodução. No ser humano, sobre a informação emerge uma nova camada, simbólica, constitutiva da cultura. Seria o caso, então, considerando o avanço da compreensão da informação como uma forma de movimento da matéria – a forma pela qual os corpos se "refletem" uns nos outros – avançarmos também para superar a "teoria do reflexo" pela teoria (científica, ontológica) da informação? Fica a pergunta.

"Reflexo" (entre aspas) seria uma expressão que atendia às condições das disputas ideológicas numa fase específica da história e, assim, Vieira Pinto pode tê-la assumido em sua elaboração filosófica na qual, muitas vezes, porém, como vimos, não deixa de registrar severas críticas aos teóricos do *establishment* soviético. Por outro lado, ele mesmo nos indica que no curso da história da razão humana, desde os seus primeiríssimos passos, produz-se na realidade neurológica do cérebro que necessita pensar e projetar para poder agir, uma ferramenta mediadora, a linguagem e, com ela, a cultura. Pela *mediação* da cultura, o cérebro consciente constrói o conhecimento pelo qual realmente se apodera do, e transforma o mundo. A realidade situa-se externa ao pensamento, mas revela-se conforme o pensamento concretamente histórico seja capaz de *construí-la*. Tal construção é informação *semiótica*, informação teleológica dotada de significados, própria da dimensão cultural libertadora exclusiva do animal humano.

## Palavras conclusivas

Da dialética da Cibernética à Cibernética da dialética. Vieira Pinto opera essa inversão do genitivo ao entender o movimento da matéria como, ele mesmo, cibernético, e traduzir em categorias dialéticas conceitos chaves até então entendidos apenas nos limites da lógica formal de Wiener, Shannon e seus colegas. Vieira Pinto propõe distinguir os seres cibernéticos "por natureza", dos "por construção". A Cibernética, conforme entendida até então (e ignorada a "segunda cibernética"), trata destes, e seus formuladores caem em sérios equívocos, denunciados por Vieira Pinto, quando pretendem entender a natureza, em particular a natureza biológica e, pior, a humana, como reflexos de suas máquinas computadoras. Na melhor das hipóteses, é o contrário. A natureza, em particular a natureza biológica, sobretudo a humana, é que podem ser ciberneticamente entendidas se, no lugar da retroação biunívoca (*feed back*) num movimento newtoniano de ação e igual reação, introduz-se no pensamento lógico a ação recíproca, *ou informação*, pela qual se movimenta, se transforma e evolui.

Então, aquela ciência – legítima nos limites de suas formulações e operações – requer uma "teoria geral" que a represente em "grau superior": a *metacibernética*. Esta só pode ser dialética: "o que chamamos metacibernética representa a parte com que a cibernética contribui para a dialética de base material, que por sua vez a vai explicar em última instância" (VIEIRA PINTO, 2005b: pg. 15).

*Conceito de tecnologia* é mais que um tratado sobre a íntima, constitutiva, existencial, relação entre o ser humano e a técnica. É também um chamado a repensar o materialismo dialético, em diálogo, quando foi escrito, com o que se apresentava como as mais avançadas ciência e tecnologia até então desenvolvidas pela humanidade. Vieira Pinto sentiu necessidade de expor e mesmo debater categorias dialéticas chaves para, com elas, pensar as tecnologias que, já entrada a segunda metade do século XX, começavam a servir para mediar as práticas sociais humanas que viriam dali para diante. Legou-nos um até hoje original e ainda insuperável ferramental epistemológico para pensarmos como prosseguir as lutas pela transformação da sociedade neste século XXI – uma sociedade que, hoje, carrega na palma da mão a cibernética "por construção" em cada momento de nossas vidas.

## Referências bibliográficas

ATLAN, Henri. **Entre o cristal e a fumaça,** Rio de Janeiro. Jorge Zahar Editores. (1992 [1979])

BATESON, Gregory. **Steps to an Ecology of Mind**, Northvale: Jason Aronson. (1987 [1972]).

BRETTON, Philippe. **História da Informática**, São Paulo: Unesp. (1991 [1987])

DANTAS, Marcos. **Capitalismo na era das redes: trabalho, informação e valor no ciclo da comunicação produtiva,** In LASTRES, H. e ALBAGLI, S., Informação e globalização na Era do Conhecimento, pp. 216-261, Rio de Janeiro. 1999

_____. Information as work and as value, tripleC, v. 17, n.1, pp 132-158. 2018.

_____. **Informação, trabalho e capital,** In DANTAS, M., MOURA, S., ORMAY, L., RAULINO, G.). O valor da informação: de como o capital se apropria do trabalho social na era do espetáculo e da internet, São Paulo: Boitempo, pags. 17-96. 2022

DUPUY, Jean-Pierre. **Nas origens das ciências cognitivas,** São Paulo: Unesp. 1995.

ECO, Umberto. **Apocalipticos e integrados,** São Paulo: Perspectiva. 1979

ENGELS, Friedrich. **Dialética da natureza,** São Paulo: Boitempo. 2020.

VON FOERSTER, Heinz. **Epistemology of communication,** In WOODWARD, Kathleen (org.), The Myths of Information: Technology and Post-Industrial Culture, Londres, RU: Routledge & Keegan-Paul. 1980.

ILYENKOV, Evald. Dialectical Logic. Documento eletrônico. 1977 https://www.marxists.org/archive/ilyenkov/works/essays/dialectical-logic.pdf. Acesso em: jun 2023.

LEFEBVRE, H. e GUTERMAN, N. **Introdução,** In LÊNIN, Vladimir I. Cadernos filosóficos, São Paulo: Boitempo (2ª reimpressão), pp. 13-98, 2021.

_____. **Lógica formal, lógica dialética**, Rio de Janeiro: Civilização, 5ª ed. (1991 [1969]).

LÊNIN, Vladimir I. **Cadernos filosóficos**, São Paulo: Boitempo, 2ª reimpressão. 2021.

LUKÁCS, Georg. **História e consciência de classe.** Rio de Janeiro/ Porto: Elfos/Publicações Escorpião, 1989 [1923].

_____. (1968). **Introdução a uma estética marxista**, Rio de Janeiro: Civilização Brasileira

MARX, Karl. **Grundrisse** (Manuscritos econômicos de 1857-1858), São Paulo: Boitempo, 2011.

_____. **O Capital.** Crítica da Economia Política. Volume 1. Rio de Janeiro: Civilização Brasileira. 2002.

MOLES, Abraham. **Teoria da informação e percepção estética,** Rio de Janeiro: Tempo Brasileiro. 1978.

NOBLE, David. **Forces of production,** Oxford, EUA: Oxford University Press. 1986.

PRADO JÚNIOR, Caio. **Dialética do conhecimento,** São Paulo: Brasiliense, 1969 [1952].

_____. **Notas introdutórias à lógica dialética**, São Paulo: Brasiliense, 1968.

PEIRCE, Charles S. **Semiótica**, São Paulo: Perspectiva. (1977 [1935].

PETERS, Benjamin. **Normalizing Soviet Cybernetics, Information & Culture.** A Journal of History, v. 47, n. 2, pp. 145-175. (2012). Disponível em http://nevzlin.huji.ac.il/userfiles/files/47.2.peters.pdf. Acesso em 03/04/2017.

POLITZER, Georges. **Principes élémentaires de philosophie**, Paris: Éditions Sociales. 1946.

SOCHOR, Lubomir. **Lukács e Korsch: a discussão filosófica dos anos 20**. In Hobsbawm, Eric, História do marxismo, v. IX, Rio de Janeiro: Paz e Terra. 1987.

SHANNON, C. e WEAVER, W. **A teoria matemática da comunicação**, Rio de Janeiro: Difel. 1975 [1949]).

SCHERRER, Jutta. **Bogdânov e Lênin: o bolchevismo na encruzilhada.** In Hobsbawm, Eric, História do marxismo, v. IX, Rio de Janeiro: Paz e Terra. 1986

SFEZ, Lucien. **Crítica da comunicação**, São Paulo: Loyola. 1994.

STRADA, Vittorio. **Da "revolução cultural" ao "realismo socialista"**. In: Hobsbawm, Eric, História do marxismo, v. IX, Rio de Janeiro: Paz e Terra. 1987

STEWART, Ian. **Dezessete equações que mudaram o mund**o, Rio de Janeiro: Zahar. 2013.

TAYLOR, Charles. **Hegel: sistema, método e estrutura**. São Paulo: É Realizações Editora. 2014.

VIEIRA PINTO, Álvaro. **O conceito de tecnologia,** Rio de Janeiro: Contraponto. 2005a

_____. **O conceito de tecnologia**, Rio de Janeiro: Contraponto. 2005b.

YAJOT, Ovshi, Que es el materialismo dialéctico, Moscou: Editorial Progreso.

WIENER, Norbert. **Cibernética e sociedade, o uso humano de seres humanos**, São Paulo: Cultrix. 1950

WILDEN, Anthony. **System and Structure**, Londres, RU/Nova York, EUA: Tavistock. (1980 [1972

# 4.
# ÁLVARO VIEIRA PINTO: PENSADOR BRASILEIRO DA DEMOCRACIA

*Renato Martini*

Certamente o contexto histórico em que as obras dos isebianos foram confeccionadas se transformou inteiramente, e esse fator longe de nos levar a uma invalidação de muitas teses daqueles autores, podem pelo contrário nos mostrar o vigor e atualidade de muitas formulações que foram feitas, pois o crivo do tempo, indubitavelmente é a pedra angular de teorias.

No que diz respeito a construção teórica de Álvaro Vieira Pinto (AVP) pelo menos dois aspectos se consolidaram pela passagem das horas da história e nos auxiliam em demasia para iluminação dos problemas e angustias de nossa época.

O anti-elitismo e a defesa da democracia nos escritos de AVP parece ser remetido para as pessoas de nosso tempo. Aflora na atualidade uma bibliografia que procura encaminhar um entendimento sobre o mal estar relativa à crise ou possível morte do sistema democrático seja aqui ou alhures da mesma maneira que a sensação de que elites técnicas, econômicas e de outras estirpes sequestraram os elementos que poderiam dar vazão aos sentimentos de soberania popular.

Na realidade o mito fundador do sistema democrático de instauração plena da vontade popular nunca se realizou, por isso mesmo, mito. Pode se afirmar com convicção que a democracia em sua gênese se por um lado rompe os grilhões de sociedades hierarquicamente definidos desde o nascimento dos seus membros, instaurando certa igualdade de participação sobre os rumos políticos, a partir do momento que se tornam injustificáveis as diferenças de nascença como parâmetro de atuação política, por outro lado busca conter os ímpetos populares que a igualdade poderia impor, com a elaboração de muitos filtros institucionais.

O nobre Alexis de Tocqueville admitindo a inexorabilidade da democracia, percebe bem que a radicalização do ideário igualitário que a mesma induz poderia levar a uma tirania da maioria no sentido de que hábitos, valores e conduta política da maioria pudesse aniquilar as possibilidades de manifestação de minorias. Palavras contidas no clássico "A democracia na América" do escritor francês:

> O que mais reprovo no governo democrático, tal como foi organizado nos Estados Unidos, não é, como na Europa muita gente imagina, a sua fraqueza, mas ao contrário a sua força irresistível. E o que mais me repugna na América não é a extrema liberdade que aí reina, mas o pouco de garantia que se tem contra a tirania (TOCQUEVILLE, 1973, p158)

Em sua gênese o sistema democrático portanto, longe de legar todo poder ao povo com a expectativa de ampla soberania popular vislumbrando no ideário de bem comum a bússola a dar norte a sociedade, jamais se adensou concretamente. A propositura rousseauniana de um contrato social assentada na vontade plena da maioria, não passou de sonho de uma noite de verão.

Restritiva desde o princípio, o desenrolar da história se encarregou de circunscrever ainda mais a possibilidade dos cidadãos satisfazerem seus anseios e se sentirem contemplados nesse jogo político. O número de mediadores entre o povo e realização de sua vontade vem aumentando ao longo do tempo.

Como se não bastasse, para funcionar como filtro, como mencionado anteriormente, se verifica que os próprios legisladores vêm assistindo sua margem de ação sendo fustigadas pelo aumento exponencial do corpo burocrático, as regras e regulamentos que foram se impondo inexoravelmente como uma jaula de ferro, para usar a expressão de quem bem melhor deu feição inicial ao estudo da burocratização do cotidiano, fenômeno correlato a emergência da democracia de massas.

O líder político, seus liderados, legisladores e afins, após a emergência do estado moderno de característica racional-legal, tem que se contentar em atuar em uma situação em que as regras já estão estabelecidas por uma máquina burocrática regulamentadora que parece ter vida própria.

Não seria possível e interessante para finalidade do texto, se fazer aqui, uma discussão mais aprofundada sobre o estado moderno, burocratização e conceitos correlatos, mas não deixa de ser importante se ter a noção do estresse constante entre a vontade popular e a norma já estabelecida de forma técnica. Haveria sempre na concepção weberiana um dilema entre democracia e burocracia. Como afirma Giddens:

> De acordo com Weber, a relação entre a democracia e burocracia teria criado uma das mais profundas fontes de tensão na ordem social moderna. Haveria uma antinomia básica entre a democracia e burocracia, porque o acúmulo de provisões legais abstratas que necessariamente teriam de implementar os próprios procedimentos democráticos implicava a criação de

uma nova forma intransigente de monopólio (a expansão do controle do funcionalismo burocrático) (1998 p.33).

Nesse sentido a própria garantia legal de direitos democráticos dependeria do fortalecimento do arcabouço burocrático, mas o fortalecimento burocrático por sua vez não resulta em mais participação e vontade popular sendo estabelecidos.

É sabido que para Weber a existência e líderes com iniciativa, conhecimento e certo carisma em interseção a partidos políticos organizados, poderia amainar um pouco o predomínio do funcionalismo burocrático, mas seria no mínimo uma tarefa hercúlea.

De toda forma a democracia seria regida inexoravelmente por minorias e na relação mando e obediência a certas elites seriam conferidos inúmeros segredos administrativos da arte de governar, em outras palavras para Weber; segundo o estudioso Julien Freund:

> Não existe governo de todos sobre todos, nem mesmo do maior número sobre o menor. O regime democrático pode eventualmente facultar o revezamento graças ás eleições ou a outras formas de consulta à maioria, mas de fato é sempre uma minoria que decide e orienta segundo suas diretrizes a atividade política geral do agrupamento. (FREUND 1987, p. 162).

O tempo presente se encarregou de tornar ainda mais complexa a relação entre burocratização do cotidiano político e o sistema democrático, pois houve um crescimento exponencial quantitativo e qualitativo da esfera burocrática. Yascha Mounk (2019) ao abordar o tema nos mostra em exemplo pelo lado quantitativo que só no Reino Unido foi de cerca de 100 mil em 1930 para algo em torno de 2015 mil, enquanto a população nesse período aumentou apenas um terço.

Evidentemente o exemplo do Reino Unido não se constitui em exceção, mas parece se constituir uma regra geral nos estados contemporâneos, em breve consulta sobre o caso brasileiro o IPEA (2018) nos mostra quem em vinte anos (1995- 2016) houve um crescimento de 60% no número de funcionários públicos federais.

Pelo lado qualitativo, a dinâmica complexa de elaboração e implementação de políticas públicas em sociedades multiformes e heterogêneas da atualidade demandou o incremento por tecnicidades que fogem da alçada da maioria dos cidadãos, agências, *quangos* e outras denominações passaram a operar como esferas autônomas rivalizando com os representantes escolhidos pela população para implementação de políticas. Como alerta Mounk:

> [...] as agências governamentais influenciam cada vez mais os projetos de lei submetidos ao poder legislativo. Ao mesmo tempo, assumem gradativamente um papel parecido com o de legisladores, dispondo de autoridade para conceber e implementar regras amplas e áreas cruciais como regulação financeira ou ambiental. Tomadas em conjunto, esses dois fatores significam que boa parte das leis a que o cidadão comum deve obedecer são hoje escritas, implementadas e às vezes até propostas por funcionários públicos não eleitos (2019, p. 86).

É possível levantar outros pontos em relação ao engessamento impeditivo a uma dinâmica mais intensa de participação democrática por parte da maioria da população, mas antes dessa radiografia convém aqui inserir outro clássico pensador como uma espécie de grande parênteses no texto, na medida que este tendo uma visão radicalmente distinta dos teóricos até aqui elencados nunca se preocupou muito em esmiuçar os dilemas do sistema democrático, uma vez que o dilema está na própria estrutura do sistema capitalista e as instituições da democracia sendo reflexo de uma base desigual do próprio modo de produção não poderia jamais realizar-se uma igualdade plena sem o revolucionar da própria base produtiva, evidentemente aqui está se remetendo a Karl Marx (1985).

Entretanto, deve se voltar ao fio da meada anterior em relação aos apontamentos de aspectos que colaboram para elitização da democracia, tornando tal sistema passível de muitas desconfianças e alvo inclusive de lideranças políticas que aumentando ultimamente seu escopo eleitoral propugnam soluções de viés autoritário.

Além da burocratização inata, analisada pela teoria de Weber que faz com que muitas decisões políticas sejam tomadas pelo quadro técnico administrativo, como foi ensejado anteriormente, foram sendo tomadas decisões de políticas públicas na construção de instituições autônomas em que o poder decisório dos especialistas chega a ser maior que dos chefes do executivo eleito.

Como exemplo maior do poder dos especialistas vale lembrar a autonomia dos bancos centrais, sem entrar no mérito do debate dos aspectos positivos ou negativos dessa estrutura, o fato concreto é que na atualidade quem toma a resolução se é mais importante conter o desemprego ou a inflação, não são os presidentes ou parlamentares eleitos, mas um corpo restrito de tecnocratas.

Outro caso que resplandece sem muito esforço para se enxergar o peso de decisões minoritárias a influenciarem os rumos políticos é o controle da institucionalidade exercido por meios dos tribunais judiciais. Ao longo do tempo as supremas cortes ou equivalentes foram alargado seu poder decisório em temas da esfera política, fenômeno constatado nos EUA, Reino Unido, Brasil e maioria das democracias existentes. É bem verdade que o alargamento do judiciário contribuiu para o alargamento de direitos de minorias, mas não se pode esconder que também diminui a esfera de participação e contestação política da maioria da população.

Quando se discute democracia além de tudo que foi apontado até aqui, como fatores que embaralham a clarividência de decisões que em última instância seriam tomadas pelo cidadão comum que mesmo trabalhando nos mais distintos ofícios e cuidando das suas preocupações privadas, teriam a última palavra na implementação das políticas públicas, deve acrescentar que as instituições democráticas foram imaginadas para funcionarem em estados nações com suas especificidades e limitações fronteiriças.

Ora, outrora a riqueza nas nações era gerada em suas economias internas e hoje a maior parcela advêm do comercio internacional, assim, como decorrência disso, temos um peso decisório elevado em tratados e acordos feitos em âmbito internacional levando a diminuição da margem de contestação política das populações nativas.

Sem precisar aprofundar muito apenas para vaticinar esse ponto manifesto de restrição da participação popular, pode se recorrer as palavras de Mounk:

> Mas, por mais que sejam válidas as razões para a multiplicação dos tratados e organizações internacionais, seria desonesto fingir que não impactam a natureza da política doméstica dos países. Conforme aumentou o escopo de decisões políticas obstadas por tratados internacionais ou delegadas a órgãos internacionais, também se ampliou o escopo de diferentes áreas das políticas públicas efetivamente removidas da contestação democrática (2019, p. 98).

Há ainda outra esfera do caleidoscópio montado de restrições ao efetivo ideário democrático de plena participação das pessoas, além do aumento da burocracia, do controle do jogo político pelo judiciário, do crescente poder dos bancos centrais e dos tratados e organizações internacionais o próprio corpo legislativo parece cada vez mais afastado das opiniões e vontades da soberania popular. Seria uma ousadia desconectada do real afirmar que o povo tem mais poder de influência sobre os legisladores em nossos dias que as elites econômicas e os grupos de interesse organizados.

Não é preciso recorrer aqui aos controversos e inúmeros casos explícitos de corrupção existentes em todos os países, para notar o poder do dinheiro em relação aos representantes do povo pois as próprias estruturas dos sistemas eleitorais e o jogo eleitoral mais do que tudo reserva grandes gastos para quem pretende exercer o papel de legislador ou executor de políticas públicas.

Ainda que fosse possível montar um sistema de eleições incorruptível, os legisladores e executores passam muito mais tempo na convivência com elites econômicas, grupos de pressões organizados e endinheirados em geral do que pessoas comuns, e nesse sentido é difícil imaginar que na hora da tradução de vontades não se deixem levar muito mais pelas vozes dos interesses organizados do que pela voz rouca da população comum, abafada pelas agruras do empenho em sobreviver dia a dia.

Em outras palavras, o ambiente social que os políticos frequentam é altamente elitizado, antes mesmo de ganhar o mandato o proponente conviveu intensamente com várias espécies de elites que conseguem organizar suas demandas reivindicatórias e fazem chegar ao campo da ação política diversos interesses.

Recorrendo novamente a Mounk que ilustra a situação estadunidense, mas que certamente é universal nas democracias ocidentais, lê se:

> O imperativo de levantar dinheiro é um dos motivos para os políticos passarem a maior parte do tempo entre outros de sua própria classe, que têm pouquíssimo em comum com as pessoas que deveriam representar. Mas isso é apenas a ponta do iceberg. A verdade é que, bem

antes de chegar ao governo, a maioria dos legisladores já circulou por uma elite cultural, educacional e financeira que os diferencia do americano médio (IDEM p.113).

Nessa altura do texto em exposição, é provável que tenha surgido a questão para quem o consulta, afinal onde irá se inserir os argumentos do pensador brasileiro Álvaro Borges Viera Pinto? Em instantes será demonstrado onde o escrevente encaixará as ideias do isebiano, mas antes algumas palavras para consolidação conclusiva do que foi tratado até o momento.

O que foi visto até o momento é que o sistema democrático em sua gênese era encarado com certo receio no sentido de que ao prometer igualdade plena, pudesse consigo carregar o proto-autoritarismo de uma espécie de ditadura da maioria a oprimir minorias como tanto ressaltou por exemplo Tocqueville.

Entretanto o desenrolar da história tem mostrado que justamente o inverso é que tem ocorrido, ao invés de um excesso de poder nas mãos do povo, levando ao perigo de acontecer de que em nome de uma ideia exerce se a coerção dos oponentes da causa que mais seduzissem os corações e mentes de um maior número de cidadãos, para ir na linha de raciocínio de Stuart Mill, que não via diferença se a opressão vinha de um, poucos ou a maioria pois sempre se dava em nome de alguma razão. O fato é que elites, principalmente pelo uso do discurso técnico dominaram os meandros das instituições democráticas de modo que a sensação atual parece ser muito mais de que grupos do topo da escala social governam e não compartilham o poder com o povo.

Em síntese, o fato é que a democracia moderna representativa ficou muito mais associada desde seus primórdios ao constitucionalismo e defesa de direitos individuais do que a participação popular na tomada de decisões sobre políticas públicas, e ao longo do tempo a intensidade da participação foi diminuindo com aumento do poder da burocracia e instituições técnicas.

## A Democracia e o pensamento de Vieira Pinto

O problema que se apresenta é que atualmente as democracias encasteladas no ocidente, tem assistido a ascensão de um espectro a rondar as estruturas estabelecidas do sistema político vocalizado por discursos populistas de lideranças anti-establishment e o próprio Brasil tem passado por uma situação que para muitos faz estremecer o edifício democrático.

É aqui que deve entrar o profícuo pensamento do brasileiro Avaro Vieira Pinto, pois tem ferramentas suficientes em sua produção para ao menos apontar algum caminho no labirinto do mal estar da democracia contemporânea.

Ora, se foi visto anteriormente que a democracia constantemente mais restringiu do que ativou a participação das pessoas, pois apesar do alargamento da base dos considerados cidadãos e assim com direito a voto e etc. os "filtros" que desde do princípio se impuseram pelo sistema representativo foram se alargando mais e mais, não seria de se esperar que em algum momento discursos que vocalizassem um nós (povo) contra eles (elites) em alguma medida não seduzisse corações e mentes para chacoalhar instituições?

Certamente os perigosos líderes que tentam dinamitar o edifício da democracia precisam ser contidos, mas faz mister recorrer o autor de Consciência e Realidade Nacional para clarear um pouco em qual direção se deve seguir.

Vieira Pinto apostaria na própria democracia para se defender a democracia e esse aspecto parece ser muito importante, na medida em que: se é o próprio povo que tem seguido o chamado da tribo de populistas autoritários, então alguns, logo pensam em elaborar mecanismos de diminuição de participação, diminuição na liberdade de expressão e outras saídas por essas perspectivas. Em outras palavras, os escritos do filósofo brasileiro servem bem como guia de reflexão da atual realidade nacional, na medida que contém uma discussão aprofundada sobre a democracia e seus percalços e suas conclusões jamais se contrapõe a tentações de limitações do processo decisório, pelo contrário sempre pensa se na sua consolidação, mesmo quando o resultado eleitoral aparenta ser o menos benéfico para o sistema democrático e para própria população em geral, nesse sentido as urnas e seu score apontam a real situação da nação e devem sempre ser saudados.

Tem sido muito comum, os especialistas em questões da política e sociedade ao avaliarem resultados e ascensão de populistas iliberais como consequência do processo eleitoral reagirem em tom professoral que aquilo se deu em virtude de disseminação de noticiais falsas, de falta de discernimento sobre a própria condição social em que o "povo" elegeria o oposto do que deveria ser seu interesse econômico e outras explicações que podem até conter elementos de veracidade, mas certamente não tem o grau de profundidade de buscar a raiz da situação.

É importante inserir neste momento, sem tardar as palavras Álvaro Vieira para perceber se o contraste de tonalidade entre o pensador que acredita já saber a melhor rota a ser dada para o poder político e aquele que humildemente tenta apreender o real por aquilo que as massas populares estão expressando:

> A verdade sobre a situação nacional não pode derivar de uma inspeção externa feita por um clínico social, um historiador, um sociólogo ou um político, mesmo supondo ser geniais esses homens. Essa verdade só pode ser dita pela própria massa, pois não existe fora do sentir

do povo, como proposição abstrata, lógica fria. Não é uma verdade enunciada sobre o povo, mas pelo povo. É função da consciência que já atingiu, e da representação que faz de seus problemas. O que compete aos sociólogos, na ordem teórica, e aos políticos, na ordem prática, é fazerem-se arautos dessa verdade, recolhê-la nas suas legítimas origens e interpretá-las com auxílio do instrumento lógico-categorial que devem possuir, sem distorcê-lo, sem violenta-la, sem mistifica-la (VIEIRA PINTO 1960, p 32-33

Como a citação anterior confirma tanto o sociólogo como político devem estar atentos para aquilo que as massas sinalizam na realidade da vida prática, e o jogo democrático expressam os sentimentos do povo e como consequência as reais condições da nação.

Depurando o argumento, nada indica que a democracia consiga levar ao poder sempre "os melhores "no sentido de preparo técnico e visão profunda dos problemas nacionais, e nem expresse constantemente a visão do homem letrado. Assim, se não os "melhores" ascendem a condição de dirigente esse fenômeno tem sua importância intrínseca na medida em que mostra o grau de esclarecimento das massas e mais do que isso ilumina pedagogicamente os eleitores a perceber a própria responsabilidade pelas escolhas. Norma Cortez explica bem a questão ao escrever:

> [...] ainda que os debates partidários pudessem favorecer a ascensão de demagogos, líderes carismáticos, pelegos populistas e retóricos em geral – todos sempre prontos a manipula a ingênua credulidade do povo -, seu caráter transformador residia no fato de as massas se tornarem verdadeiramente responsáveis pelos efeitos públicos dos seus próprios atos políticos e escolhas eleitorais. (CORTEZ, 2005, p 158-159).

Faz se mister esclarecer aqui, que não se trata de anti-intelectualismo essa propositiva de Vieira Pinto, seria muito contraditório que um filósofo de tamanha envergadura e imensa produção se colocasse em antinomia ao exercício pensante, a questão que se coloca para o intelectual e que o autor de consciência e realidade nacional procura pautar é que o pensador não deve estar encastelado em uma torre de marfim, em que seu livre pensar teoriza belamente em completa desconexão com a realidade.

A tarefa imposta ao pensador é justamente alinhar suas ideias com aquilo que o real expressa, e não existe força maior para explicitar a o real que a população a viver do suor do próprio trabalho e sendo a maioria da população. Assim o exercício do voto expressa uma experiência concreta de efetiva possibilidades que a realidade impõe.

Para vaticinar o entusiasmo e a ausência de temor em relação ao processo democrático em oposição a uma longa tradição de pensamento recorre se mais uma vez as palavras da estudiosa da obra de Vieira Pinto:

> O principal aspecto da democracia residia no fato de ela oferecer ao povo uma experiência verdadeira, absolutamente real - isto é, uma vivência – capaz de conformar e constituir modos de inteligência e de percepção sobre a realidade nacional. O filósofo não previu a necessidade de uma Paidéia especialmente orientada para esclarecer as massas incultas porque acreditava que só a experiência ensina.
>
> São os fatos reais (e não os modelos idealizados por uma elite bem intencionada) que transformam a consciência e a realidade. Com efeito, as eleições ofereciam 'as massas uma experiência política que em si mesma desencadeava um processo de alteração da consciência cândida – o estatuto discursivo de CRN, e não por coincidência, pretendia oferecer exatamente isso. Em suma,

os mecanismos institucionais da democracia eram os caminhos do aprendizado e do esclarecimento político das massas.

Uma vez que a inteligência nasce do ativo enfrentamento com o real, caso se retire do povo o exercício e a prática da escolha política, alienando-o dos seus direitos de autodeterminação, então jamais estariam dadas as possibilidades de se alterarem os traços irrefletidos e inconsequentes da mentalidade ingênua. A política dispensa qualquer pré-requisito intelectual (CORTEZ 2003, p.195-196).

Foi reconhecido por pesquisadores como FREITAS (1998) um forte alinhamento no âmbito da pedagogia entre Vieira Pinto e Paulo Freire, não vai se entrar aqui na discussão educacional brasileira, mas é importante ressaltar que uma ideia chave na teoria sobre a educação de Freire é estendida por Pinto para a questão democrática. Trata-se da ideia chave explicitada pelo educador pernambucano que o processo de ensino aprendizagem não é algo unilateral que deva ser imposto unilateralmente por sábios esclarecidos a aprendizes que estariam em vazios total de conhecimento e teriam o seu ser preenchido pelos sábios esclarecidos, como cestas que vão sendo enchidas por frutas em um mercado por exemplo.

Recorrendo-se a Vieira Pinto sem precisar a ir a Freire, somente para confirmar a visão educacional semelhante de que o aprendizado é oriundo da situação concreta de quem vai aprender e não vêm da inspeção externa do intelectual que vai depositando seu saber em que pretende adquirir conhecimento:

Ora, da mesma maneira que não cabe ao sapiente impor sua verdade ao principiante na esfera educacional, uma democracia também não pode ser uma imposição de verdades técnicas advindas exclusivamente do saber erudito de especialistas. Faz se imperioso que no mínimo

> o povo tenha a chance de apreender com os próprios erros tornando paulatinamente mais responsável pelas escolhas: [...] o que importa socialmente, no sentido em que terá, ou não, ação direta sobre a realidade, é o acerto ou erro cometido pelos representantes do povo. Os que forem imputáveis ao técnico ou ao especialista não afetam a consciência da massa, que neles não vê, cometidos por quem não era seu delegado, um acerto ou erro dela própria. Sendo, porém, atribuíveis aos políticos, como agente do povo, são vistos por este como atos dele mesmo na pessoa daqueles que escolheu "(PINTO, 1960 p.125)

Em certo sentido o exercício de autogoverno não deixa de ser, segundo essa linha de raciocínio a maneira mais profícua de esclarecimento intelectual, oriundo da própria prática, a democracia tem como efeito primeiro um papel educativo, ainda que em muitos casos as escolhas populares se façam por motivações aparentemente ilógicas e irracionais, mas trazem consigo o antídoto contra o mal principal em países subdesenvolvidos que seria as elites intelectuais se arvorarem arrogantemente como vanguarda do caminho a ser trilhado para transformações que levem a uma situação de maior desenvolvimento e emancipação nacional.

A democracia para Vieira Pinto educa porque afasta o país de uma ilusão idealista aristocrática que acham que o melhor só pode ser originado das mentes mais preparadas esquecendo-se que quem de fato exprime a concretude histórica da nação é a massa de trabalhadores. O Autor de ideologia e desenvolvimento nacional é contundente:

> A eleição na democracia serve exatamente para refutar a ilusão aristocrática, que consiste em supor que são os melhores que fazem o melhor. Com facilidade se discerne o idealismo desta concepção; não existe os "melhores', nem o 'melhor' abstratamente, a não ser para os representantes do pensar ingênuo. O caráter

de 'melhor', aplicado a pessoas ou ações, só admite ser definido concretamente, em função de uma circunstância histórica particular e em relação ao dado do presente da realidade. Neste sentido os 'melhores' não são os indivíduos que se apresentam revestidos de atributos sacrossantos, como nobreza, cultura, inteligência, honestidade, riqueza, etc. mas os que representam de maneira fidedigna o efetivo estado de transformação por que está passando a realidade, ou seja, se comportam em concordância com as tendências emergentes da sua sociedade, em determinado momento do processo do desenvolvimento nacional '' (idem, 113)

## Palavras conclusivas

Algumas palavras conclusivas se fazem importante nesse momento. Inicialmente procurou se mostrar que desde da origem, no aspecto de participação popular, por razões teóricas e técnicas, barreiras a plena participação foram sendo impostas. Pelo lado teórico autores como Tocquevile e Mill temiam que o sistema descambasse para uma tirania das massas e pelo lado técnico a própria institucionalização do sistema representativo com suas regras e burocracia tendem a limitar a vontade popular. Evidentemente que um aspecto não está cindido de outro, por exemplo, os federalistas que foram responsáveis pela construção do edifício democrático dos Estados Unidos viam como positivo uma série de filtros como o sistema bicameral que diluísse um pouco a intensidade da soberania popular.

É interessante notar inclusive não ser incomum intelectuais classificarem a democracia moderna como mais elitizada do que a democracia antiga.[14] Em um momento em que se fala tanto em

---

14  Pode se mencionar Ellen Meiksins Wood como pensadora que expõe a maior intensidade popular da democracia antiga se comparada a moderna, ver WOOD (2004)

crise de regimes democráticos com ascensão de populistas com discursos antissistema seria importante analisar se a baixa intensidade da democracia contemporânea não colabora com esses fenômenos de questionamento da democracia.

Álvaro Vieira Pinto foi inserido nesse trabalho após uma breve exposição sobre os tortuosos caminhos da democracia, justamente para ficar clarividente que se tem no Brasil um pensador, em certo sentido relegado a poeira das bibliotecas, com pensamento bastante profícuo para se pensar a democracia contemporânea e suas múltiplas encruzilhadas , sendo importante ressaltar que o brasileiro filósofo destemia como nenhum outro a participação do povo e os resultados democráticos, a democracia na visão dele deve ser consolidada principalmente porque é educativa.

Essa exposição não poderia ser encerrada sem se ressaltar que além da validade universal do pensamento de Vieira Pinto ele diz muito sobre a especificidade nacional, e nunca se pode esquecer que se a democracia enfrenta tempestades mundo afora, nessas plagas, os tufões de autoritarismos e tentações de se colocar na mão de dirigentes 'esclarecidos" as principais decisões políticas de modo a colocar o povo na situação de mero espectador bestializados, foi constante na história.

Existe toda uma tradição de pensamento autoritário brasileiro[15] que não são apenas fantasmas do passado, mas sempre retornam a nos assombrar e Viera Pinto ainda que ciente de que as escolhas democráticas são muitas vezes pré-lógicas e irracionais se opunha à linha de pensamento autoritário. E assim com o intuito de encerrar essa escrita mostrando a urgência da leitura e divulgação do pensamento de AVP como faz esse livro, pois choca se com

---

15   Ver LAMONOIUER (1985)

uma profunda e vigora tradição autoritária brasileira recorre se as palavras de N. Cortez que mostra bem o choque entre essas linhas:

> Substantiva e teoricamente, nesse postulado há o reconhecimento do caráter conflitivo, desordenado, indomável e aleatório da vida política – afinal, os resultados das escolhas eleitorais são obtidos por vias anárquicas, pré-lógicas e irracionais (ou, no melhor dos casos, por vias indutivas). O autoritarismo brasileiro jamais teve dúvidas a esse respeito. E os intelectuais ligados a essa linha de pensamento sabiam bem que se deixassem o arranjo de sociabilidade ao sabor de regras eleitorais livres também precisariam abdicar da prerrogativa de determinar o destino político da sociedade. Muito esforço intelectual foi gasto para impedir que a livre manifestação dos ânimos populares pudesse se converter naquilo que temiam e que imaginava não passar de balbúrdia social.

> Pois bem. Álvaro Vieira Pinto estava na contramão dessa tradição autoritária brasileira. Ao acreditar que a ordem política deve ser estabelecida pela livre determinação da escolha popular, ele rejeitou todo e qualquer tipo de investida intelectualista por parte de alguma elite supostamente vocacionada a guiar, esclarecer ou determinar os impulsos da conduta das massas. (CORTEZ, P.182-183).

## Referências bibliográficas

CORTEZ, N. Esperança e Democracia: as idéias de Álvaro Vieira Pinto. Rio de Janeiro, Iuperj, 2003.

_____. Democracia educa. In SENTO-SÉ, J.T. (org) Pensamento Social Brasileiro, São Paulo. Cortez. 2005.

FREITAS, Marcos Cezar – Álvaro Viera Pinto: a personagem histórica e sua trama São Paulo: Cortez, 1998.

FREUND, JULIEN – Sociologia de Max Weber, Rio de Janeiro, Forense, 1987

GUIDDENS, Anthony. **Política, Sociologia e Teoria Social.** São Paulo. Unesp, 1998.

MOUNK, Yascha. O povo contra a democracia: por que nossa liberdade corre perigo e como salvá-lo. São Paulo. Cia das Letras. 2019.

PINTO, A. V. **Ideologia e Desenvolvimento Nacional.** Rio de Janeiro, ISEB, 1960.

_____. **Consciência e realidade nacional.** Rio de Janeiro, Ed. Contraponto. 2020.

TOCQUEVILE, A. **A democracia na América.** In: *Os pensadores* – São Paulo: Abril Cultural, 1973.

WEBER, Max. **Economia e Sociedade.** Brasília, UNB, 1998.

WOOD, Ellen M. **Democracia contra o capitalismo.** São Paulo, Editora Boitempo 2004.

# 5.
# ÁLVARO VIEIRA PINTO, PENSADOR DO BRASIL E A QUESTÃO NACIONAL SOB O VIÉS DO DIREITO E DA JUSTIÇA

*Enoque Feitosa*

As fórmulas tradicionais da lei do passado são balizas indicadoras e não os limites da sua pesquisa.[16]

O presente é para a visão lúcida um campo de possibilidades aberto ao projeto existencial do homem e da comunidade. É o descortino do futuro e não o coroamento do passado.[17]

---

16  JHERING, von Rudolf. L'esprit du droit romain, Tome premiére, Introduction, Titre 2 (Méthode de l'histoire du droit), Chapitre 1º ('Conditions conteneues dans la nature du droit'), § 3.1, p. 36.

17  VIEIRA PINTO, Álvaro B. Consciência e realidade nacional. Rio de Janeiro. ISEB, 1960, vol. II. cap. 2º, b, p. 33. Rio de Janeiro, ISEB, 1960. Doravante CRN1, para o 1º volume e CRN2 para o segundo volume da mesma obra.

## Introdução: Álvaro Vieira Pinto, a questão da justiça e o projeto de nação livre, democrática e soberana.

Este artigo, que adota a forma ensaio[18], tem como objetivo refletir sobre um determinado recorte da obra de um autor ainda pouco lido, mesmo pelo público especializado acadêmico, visto ter sido a sua vasta produção intelectual vítima da atitude de conhecer o Brasil pelas lentes dos espoliadores. Esse recorte pretende abordar seu pensamento pela via das relações entre justiça e direito na construção de um Estado nacional, democrático e popular.

Assim, propomos um exame prospectivo que – até onde conhecemos – não foi tentado até o momento e que constitui o nosso objeto: localizar qual a visão sobre questões de justiça e, por consequência (mesmo por via indireta) sua incidência no direito produzido e como tais aspectos se expressaram no pensamento do filósofo isebiano[19] Álvaro Vieira Pinto.

Portanto, é foco de nossa exposição pensar as relações, no pensamento do aludido filósofo, demógrafo e médico, entre poder, democracia, desenvolvimento e o direito, enquanto elementos

---

18  Hume considera a forma de ensaio àquela que permite "liberdade e facilidade de pensamento e de expressão que só podem ser adquiridas pela conversação". Ver: HUME, David. Essays - moral, political and literary. Indianapolis (USA): Liberty Fund, p. 534.

19  O ISEB – Instituto Superior de Estudos Brasileiros - foi criado em 14/07/1955, pelo decreto nº 37.608, do então presidente Café Filho, já em fim de mandato. Inicia suas atividades no momento em que JK assumia a presidência da República (1956) e foi responsável pela elaboração de uma política desde então chamada de nacional-desenvolvimentismo. Após o golpe de 1964, foi imediatamente decretada a extinção do ISEB e, em seguida, instaurado um IPM para investigar suas atividades e punir seus membros, dentre eles, Álvaro Vieira Pinto, Nelson Werneck Sodré, Guerreiro Ramos e Roland Corbisier.

constitutivos da questão nacional, o que implica em abordar e desvelar, como e de que formas concretas, o subdesenvolvimento de determinadas regiões é parte de uma lógica e de uma sociabilidade de perfil simultaneamente: a) antinacional, na medida em que defende do ponto de vista econômico, político e ideológico, a submissão do país aos interesses imperialistas; b) antidemocrática, pelo fato elementar de que tal projeto de submissão não pode se viabilizar sem que, o exercício de poder ocorra através de formas políticas que estiolem permanentemente as instituições do estado democrático de direito e, por fim, c) antipopular, porque tal desiderato não se realizaria sem que o sufocamento da democracia não atingisse primeiro e antes de mais nada a participação popular.

Em suma, saber das influências, perspectivas e interesses em jogo na elaboração por esse filósofo de um projeto autenticamente nacional-popular, o que inclui a premência do reconhecimento de que tal questão tem implicações não apenas sociais e econômicas, mas rebate sobre a superestrutura jurídico-política visto ser seu enfrentamento uma parte inafastável de um programa social, político e econômico de emancipação.

Dessa forma, o artigo aponta para algo enfatizado e aparentemente óbvio, mas nunca completamente implementado por depender de correlação de forças e vontade política: a busca de um projeto de desenvolvimento que incorpore a maioria da nação e que seja não-excludente, democrático, popular e independente, expressando uma democracia de não apenas formal, mas permeada de seu necessário viés material, ou seja de concretização das demandas sociais depende de uma visão prévia sobre a concepção do justo e como isso se expressa via Direito e Estado.

Dessa forma, a pretensão é a de examinar determinadas questões do direito e da justiça sob a ótica do médico, demógrafo e filósofo Álvaro Borges Vieira Pinto, pensando as possíveis respostas a partir do *referencial teórico* do pensamento nacional-desenvolvimentista o qual se alia, portanto, com o aspecto decisivo da afirmação de uma consciência da realidade nacional, isto é, de um país cujo pleno desenvolvimento inclusivo e socialmente justo implica em apontar o *telos* e as respectivas tarefas econômicas, culturais, sociais e políticas no que concerne a se afirmar cada vez mais enquanto nação livre, democrática e soberana na arena internacional e, portanto, em termos claro, concluir nosso processo de emancipação o que não se viabiliza sem um Estado e uma forma jurídica que corresponda a tal objetivo.

É exatamente por isso que o referencial pelo qual optamos no presente texto entrecruza o pensamento nacional-desenvolvimentista com as categorias do materialismo histórico e dialético do qual nosso filósofo se valia, ainda que disso nem sempre se desse conta - a fim de não apenas permitir compreender as razões pelas quais, sob a hegemonia política, econômica e ideológica imperial, essa problemática foi ou completamente sufocada ou foi pensada a partir dos interesses dominantes.

Ademais, é de se frisar que a ação política e cultural bem como o exame filosófico e científico do problema e a sua abordagem econômica, não podem se dar ao luxo de especular sobre trivialidades que saem de moda assim que perdem a eficácia discursiva sobre os dominados.

Tais abordagens, tão esdrúxulas quanto inúteis, nada mais evidenciam que o desinteresse pelo concreto e um claro desdém em modificar a situação real do ser humano concreto. Por isso, uma filosofia cujo centro seja esse ser humano em sua incessante busca por uma existência plena e rica só pode ser pensada/elaborada tendo como norte o compromisso com a vida digna, ao tempo em que mostra que não desconsidera nem esse ser humano concreto e nem, tampouco, que uma filosofia que pugne pela emancipação humana só cumpre seu papel se fornecer as armas de reflexão e aponte tudo que o ser social precisa fazer para realizar-se existencialmente, ressaltando mais claramente, portanto, como essência da situação, o pensar, o agir e o transformar. Ou seja, uma filosofia que forneça as armas espirituais para direcionar as forças materiais que não apenas compreendam, mas que transformem a realidade.

Isso por que, como enfatizado em Vieira Pinto, só fazendo o que precisa fazer, é possível a esse ser humano, e mais particularmente o das regiões subdesenvolvidas, concretizar o seu ser. Ora, "o que ´é preciso fazer", neste caso, não consiste em outra coisa senão em modificar materialmente as circunstâncias em que se vive e onde subsiste, ou seja, romper as condições que tornam possíveis tal "subvivência".

Por isso, não há como deixar de ignorar as influências existencialistas que permearam o pensamento de nosso autor o qual visou não apenas estabelecer um diálogo fecundo com a concepção materialista da filosofia e da história, mas centralmente, como essas tensões apontavam – no Brasil – para um projeto de desenvolvimento nacional e anti-imperialista.

A incidência dessas duas culturas - a humanista e marxista – não pode deixar de levar em conta que se o ser humano é sua circunstância, então, haverá que se tratá-las humanamente na medida em que, durante muito tempo, as teorias sobre a modificação das circunstâncias e da educação esqueceram que elas são modificadas pelos mesmos seres humanos[20] e que se eles são formados pelas circunstâncias então essas circunstâncias devem ser formadas humanamente[21]. Não tem, portanto, aquele que filosofa

---

20  MARX, K. Ad Feuerbach (Tese 3). In: Ideologia alemã. São Paulo: Boitempo, 2007, p. 533.

21  MARX, K.; ENGELS, F. La sagrada família. Buenos Aires: Claridad, 1971, p. 153

em um país dependente, "nenhum direito à futilidade intelectual, quando se está diante de imperiosa exigência de transformar o mundo a que pertence", como nos lembra com agudeza o próprio Álvaro Vieira Pinto (1960, p.70).

Essa problemática é, no essencial, a condensação do objeto, problema e hipótese que comparece no texto, qual seja, pensar uma concepção de justiça e de um Estado democrático, nacional e popular de direito não apenas como etapa necessária, mas como *démarche* intrínseca ao enfrentamento correto da questão nacional e da luta pela emancipação em torno de um programa nacional--desenvolvimentista - quanto à forma e ao conteúdo - como etapas necessárias ao processo de libertação nacional e humana, ideário resultante de um processo histórico nos países dependentes que objetivamente ocorre perante nossos olhos e não como mera opção taticista.

E para dar conta dessa problemática, aqui entendida enquanto eixos convergentes do recorte do objeto e, simultaneamente, um campo de reflexão e perspectiva teóricas visando responder a um determinado problema de pesquisa, qual seja: o de saber como o subdesenvolvimento, em suas diversas nuances materiais, implicou numa superestrutura jurídico-política submetida aos objetivos e ao poder econômico das potências ocidentais - os EUA à frente - do que seja a nação e dos interesses em jogo na sua afirmação e constituição, bem como das concepções que nela predominam sobre direito e justiça.

Disso resulta, que nos valemos, no presente texto, em examinar as contribuições e aportes teóricos, bem como as possíveis influências sofridas na formação do pensamento desse médico e filósofo isebiano e de que forma nele são tratados, de forma direta ou não, essas questões concernentes à justiça e ao direito enquanto aspectos da práxis os quais implicam, em suma, em investigarmos a questão das influências e interesses em jogo na elaboração por esse filósofo de um projeto autenticamente nacional, democrático e popular.

Como hipótese, ou seja, como resposta ao problema proposto, propõe-se aquela pela qual se considera que o subdesenvolvimento de determinados países e regiões, em suas diversas nuances estruturais e superestruturais, ao invés de destino inexorável é parte de uma lógica (antinacional, antidemocrática e antipopular, reiteramos) que resultam na constituição de um direito e de uma justiça que não apenas dê sustentação a dependência, a submissão política, cultural e econômica, como parte de um destino manifesto e inexorável, concepção essa a ser combatida por qualquer povo ou nação que desejem ter rumo próprio.

A ideologia que apregoou, nos momentos mais duros da vida dos países ex-colônias, que o desenvolvimento dependente seria o único caminho dessas nações periféricas – e pelo que nada teriam esses povos e países a fazer senão aceitar passivamente a espoliação, a exploração e a dilapidação de suas riquezas – se expressa em diversas instâncias, inclusive nos discursos político, cultural e jurídico, os quais atuam como formas de justificação do direito, do poder político, enfim, da dominação (FEITOSA, 2008).

E é por isso que aqui se defende a inclusão da questão nacional como parte de um programa social, político e econômico de emancipação o qual pressupõe um ambiente democrático para o qual, como se verá, a questão nacional é *conditio sine qua non*, o que indica a necessária ênfase - no exame do objeto, do problema proposto e da respectiva hipótese - para algo que aparentemente faz parte dos supostos consensos gerais em torno do óbvio, mas que, objetivamente, nunca foi implementado porque depende não só da correlação das forças que disputam a influência social e que se situam em campos antagônicos na arena social, mas também, e de certa forma fundamentalmente, de vontade política em torno de um modelo de desenvolvimento que implique na incorporação das maiorias em torno de um projeto de país não excludente, democrático, popular e independente, algo que não depende nem única e nem principalmente do direito, mas que deve se expressar, como resultado, nas conquistas jurídicas desse projeto social de emancipação[22].

Por fim, é, em seu *ponto de vista metodológico*, uma pesquisa de caráter bibliográfico e em andamento, cujo foco e referencial teórico é o pensamento nacional-desenvolvimentista, especialmente aquele expresso na obra do médico, demógrafo, filósofo e pesquisador, Álvaro Borges Vieira Pinto (1909-1987) e que constitui, desde já, em parte de nosso trabalho de titularidade, combinando as perspectivas que temos pesquisado desde nossa graduação: a jurídica, a filosófica e a social, distinguindo metodologicamente os momentos descritivos daqueles outros, prescritivos e que se manifesta quer na crítica de Hume à falácia naturalista[23],

---

22  Lembra Marx, em resposta a Proudhon, na 'Miséria da filosofia', que o direito nada mais é que o reconhecimento oficial dos fatos. MARX, K. The poverty of philosophy: answer to the "Philosophy of poverty" by M. Proudhon. In: Marx and Engels collected works, vol. 6 (1845-1848). London: Lawrence and Wishart, 2010, p. 150.

23  HUME, David. Tratado da natureza humana. Lisboa: Calouste Gulbenkian, 2016, Livro III, parte I, secção I, p. 543: "Não posso deixar de acrescentar a estes raciocínios uma observação que talvez possa considerar-se de certa importância: em todos os sistemas de moral que encontrei até aqui tenho sempre notado (...) em vez das cópulas 'é' e 'não é' habituais não encontro proposições que não estejam ligadas por 'deve' ou 'não deve'. Esta mudança é imperceptível (...) e exprime uma nova relação, e é necessário que sejam explicadas e que se dê uma razão daquilo que parece totalmente inconcebível, isto é, de como esta nova relação se pode deduzir de outras relações inteiramente diferentes".

quer em Kelsen, ao distinguir ser e dever-ser[24] e mais ainda em Engels, quando em correspondência com Lafargue (11/08/1884) caracteriza a sua atitude e a de Marx entre fazer ciência e lutar por ideais: "Marx protestaria contra o 'ideal político-social e econômico' que vós lhes atribuís. Quando se faz ciência não se elaboram 'ideais': elaboram-se resultados científicos. (...) Quando se parte, pretendendo fazer ciência, de um 'ideal', não se a faz porque não se constrói ciência com posições *a priori*" (ENGELS, 1975, p. 325-26).

Assim, e logo em seguida a esta introdução, adentramos nas secções subsequentes do texto, expressiva da nossa abordagem do objeto, do que dele queremos problematizar e da hipótese supra proposta.

Na próxima parte, numericamente a segunda de nosso artigo e, que abre o presente estudo buscamos evidenciar e fundamentar a centralidade da justiça enquanto aspecto decisivo da questão nacional e elemento constitutivo da questão democrática e de suas incidências no direito, sem tampouco desconsiderar seu debate na tradição marxista do século XX, especialmente nos países dependentes e em suas conexões com as questões de justiça social, tomada do ponto de vista de realidades concretamente dadas.

Ao proceder por essa via buscamos nos fundamentar na experiência de como a tradição do pensamento marxista (e mesmo fora dele), desde Marx e Engels, e passando por estudiosos e dirigentes políticos tais como Lenin, Stalin, Gramsci, Mao TseTung, Nelson Mandela, Patrice Lumumba, Fidel Castro e, no Brasil, intelectuais, políticos, militares e governantes, a exemplo de Alberto

---

24 Ver também em Kelsen, a mesma distinção entre 'o que é' e o 'que deve' nas obras 'Teoria pura do direito'; 'Teoria geral das normas' e na 'Teoria geral do Direito e do Estado'.

Passos Guimarães, Nelson Werneck Sodré, Paulo Freire, Álvaro Vieira Pinto, Anísio Teixeira, Guerreiro Ramos, Getúlio Vargas, entre outros, enfrentaram esse problema teórico e prático. Não se trata de saber o que essas *personas*[25], como tanto outros eminentes teóricos, tinham a dizer a Vieira Pinto, mas, e de forma central, o que esse filósofo teve e tem a dizer à tradição teórica e prática que pensa o Brasil, sua história, seu presente e seu devir.

Na terceira parte do artigo examina-se a crítica das ilusões jurídicas como ideologia, sob o viés de uma sociologia (jurídica) dos países subdesenvolvidos procurando também nessa terceira secção estabelecer-se e como essa questão pode ser pensada em interface com Marx e com a tradição que lhe reivindica. E aqui temos uma questão dúplice -teórica e prática – e, portanto, da práxis, qual seja: descrever o concreto empírico e reelaborá-lo enquanto concreto pensado, prescrevendo seu horizonte de forma distinta e sem cair na falácia naturalista. Trata-se, pois, de como, a partir da herança da cultura marxista e em conexão com as contribuições de Vieira Pinto podermos fazer uma crítica das supostas virtudes emancipatórias da forma jurídica e das deformações/ilusões que isso gera.

Na parte quatro tem-se as conclusões do presente estudo, caracterizado metodologicamente não apenas como revisão de literatura, mas uma pesquisa descritiva (de uma realidade empiricamente determinada) e prescritiva (quanto aos horizontes que busca desvendar), através do exame do pensar de Álvaro Vieira Pinto sobre a questão nacional e democrática em suas incidências com as problemáticas do direito e da justiça e como etapa

---

25 'Persona' era o nome que se dava nas tragédias às máscaras usadas pelos personagens. Aqui, no sentido de atores sociais e seus papéis a serem desempenhados na vida social.

necessária à luta pela emancipação nacional, enquanto parte de um projeto de emancipação humana e como tal demanda pode vir a se expressar na forma jurídica.

Em um de seus textos de análise de conjuntura mais célebres, Marx chamava atenção para o fato de que os seres humanos, através de sua atividade, constroem a história, mas essa intervenção na realidade, ela também, é histórica e não é feita de forma absolutamente livre e espontânea na medida em que as circunstâncias sob as quais se dá essa ação não é escolhida ao bel-prazer pelos indivíduos.[26]

Álvaro Vieira Pinto, atento leitor de Marx, ainda que tendo por hábito de escrita não fazer citações em seus textos, afirma - em trabalho datado de 1956 e destinado a sua aula inaugural dos cursos do ISEB, sobre 'ideologia e desenvolvimento nacional' – com base em seu exame rigoroso da história e, muito provavelmente tendo em conta as suas leituras da obra de Marx, que não há como se compreender o desenvolvimento nacional como se fosse um movimento histórico casual, indeterminado, imprevisto, ocorrendo desordenadamente e sem legalidade interna que o dirigisse (VIEIRA PINTO, 1956).

E nesses processos há legalidade interna, isto é, leis sociais que os dirigem e que, obviamente – mas é preciso que se diga – não são leis naturais (causais), também não são leis divinas (sobrenaturais) e sim leis sociais, dotadas de mutabilidade eis que históricas, da possibilidade do indivíduo agir em função de um leque de opções de caráter social, histórico e econômico e "para esse tipo de legalidade o pressuposto é a presença do ser humano no mundo, premissa essa original e imprescindível para compreender a sua

---

26 MARX, K. The eighteenth Brumaire of Louis Bonaparte. In: Marx and Engels collected works, vol. 11 (1851-1853). London: Lawrrence & Wishart, 2010, 1st sec., p. 103

liberdade e o seu agir" (VIEIRA PINTO, 2020 p. 262-3), ainda que esse seja historicamente situado e com interação entre infraestrutura e superestrutura em condicionamento mútuo e recíproco. Em um outro escrito, que também aqui se considera como relevante contribuição, localizado por José Ernesto de Fáveri, que o organizou e publicou, e em que trata de uma "Sociologia dos países subdesenvolvidos", o nosso autor alerta para uma questão fulcral e que ele categoriza enquanto uma "maliciosa interpretação ética da sociologia" e que se dá em torno de uma "teoria do direito" (VIEIRA PINTO, 2005, p. 70-6). Para esclarecer essa maliciosa interpretação ética, nosso filósofo isebiano chama atenção para duas questões.

A primeira, apontando que

> A introdução de valores morais no campo da sociologia obedeceria a requisitos intencionais bem definidos, tratando de relacionar valores éticos com os fatos sociais, segundo um processo de criação de envoltórios morais que devem ser a aparência com que se apresentam e, pelo qual, desse modo, o dado objetivo assume o significado de conteúdo, sendo, portanto, dotado de importância menor com relação ao manto do qual derivam as relações eternas e, portanto, o sentido em que deve ser entendido" (VIEIRA PINTO. 2008. p 70).

A segunda questão, consequência e desdobramento dessa primeira, diz respeito à autocompreensão de parte dos estudiosos da moral, aqui incluso os juristas pois há que se ter em vista que a forma jurídica pode ser tomada enquanto parte legalmente positivada da moralidade dominante em um dado grupo social, moralidade essa que, se adotada pelas instituições aptas a produzirem normas de direito, torna-se obrigatória e/ou exigível coercitivamente, se preciso, ou seja, passam a ser aquela parte da moral que a forma jurídica de uma sociedade dada tornou exigível juridicamente.

O que esses dois aspectos têm de consequências práticas numa sociedade?

Vieira Pinto capta com rigor ao afirmar que

> Estudiosos da moral, sociólogos, economistas, cientistas políticos, pedagogos, tomam para si, previamente, a função de intermediários válidos entre as esferas do pensamento abstrato, a que pertencem as teorias morais, e o plano trivial e rasteiro dos acontecimentos e relações entre os homens (IDEM, p. 70).

Não há que se ter a menor sobra de dúvida que, ao indicar essa especificidade, Vieira Pinto está, no caso, mirando também os estudiosos da forma jurídica que, enquanto tal, cumprem o papel dúplice de teóricos (ou doutrinadores, como classificados na teoria do direito), mas também como ideólogos, isto é, propagandistas e teóricos de uma determinada forma de vida, qual seja o modo conteudístico acerca de como a sociedade deve se organizar.

E afirmamos isso pelo fato de que é senso comum entre juristas a teorização pela qual o direito é visto como uma parte da moralidade de um grupo social dado que se tornou obrigatória através dos mecanismos de sua recepção e regulação por via da lei.

Ocorre que, como agudamente percebido por Vieira Pinto (2020, p. 193), sendo:

> As relações entre os seres humanos mediatizadas pelas coisas, tem-se a possibilidade de domínio de uma parte desse grupo sobre os demais e tal se exerce mediante a posse das riquezas.

Entre essas riquezas, em momentos subsequentes ao longo do tempo, a propriedade da terra, das armas, do conhecimento, das máquinas e do próprio aparato estatal.

Foi com esse ato primeiro - perdido em algum momento da história da antiguidade - que se começou o processo de divisão da sociedade em classes possuidoras e despossuídas.

E, em consequência, o surgimento das formas primeiras de regulação social coercitiva, o que nos leva a afirmar que o primeiro ato que faz com que surja o direito, não foi, ele mesmo, jurídico.

A força deu o primeiro direito, como percebera agudamente o filósofo Platão ao estabelecer que "a justiça é conveniência do mais forte" e que "o justo para cada governo aquilo que lhe convém" (República, 338d-e. Ver, na edição da Calouste Gulbenkian, 2010, p. 24).

Essa remissão histórica aponta para a necessidade, destacada pelo nosso filósofo ao mostrar os limites da consciência ingênua, em não perceber o manejo ideológico das categorias jurídicas, como se elas fossem indiferentes aos valores. A visão que o direito é algo eterno, sagrado e imutável (herdeira do jusnaturalismo teológico) leva a uma visão estática do direito e o seu uso como instrumento de classe que é. E isso não nega que o direito moderno, ainda que no seu apego ao aspecto formal das relações jurídicas, cumpriu um papel revolucionário em relação às suas raízes feudais.

Sua formalidade não elide (e nem conseguiria se assim quisesse) que a lei é forma, mas toda forma é forma de um determinado conteúdo e isso se dá com a liberdade pensada nos limites da forma jurídica, inclusive como percebe Vieira Pinto (2020, p. 267), numa compreensão de enorme importância teórica, qual seja: "o ato livre é um ato público, social e como tal deve ser definido por critérios que a prática social impõe". E conclui com rigor:

deste modo, o conceito de liberdade deixa de ser mistério ontológico diante do qual se esfalfa a literatura existencialista contemporânea. [...] Logo, só se pode pensar a liberdade a partir do contexto histórico.

Urge chamar atenção que Vieira Pinto, em outra obra, destaca que "sociedades a margem de todas as conquistas do desenvolvimento podem dar a impressão de permanecerem estáticas. Mas isso se deve - prossegue ele, na mesma citação e apontando para a necessidade de os países dependentes realizarem as tarefas de independência nacional (algo que insistiremos ao longo desse texto) – porque "em tais organizações societárias, a acumulação de saber se faz com lentidão" (Vieira Pinto, 2005, p. 719, 2º volume).

Ora, isso deve nos fazer atentar para algo que constitui num elemento, que representa o ponto nodal das duas questões acima mencionadas, qual seja, a relevância do filósofo pertencente ao país subdesenvolvido ou em desenvolvimento, compreender o mundo em que vive, as razões do estado de coisas e as propostas de rumos e ações políticas e culturais transformadoras da realidade como questões decisivas e que Vieira Pinto chama atenção ao sempre ter pautado sua produção intelectual - antes, durante e depois do ISEB – na construção dos fundamentos da centralidade da resolução da questão nacional.

Ao fazer isso, sempre teve em alta conta o ultrapassar a concepção de independência enquanto questão formal, legal ou jurídica – condição necessária mas não suficiente - para concretizá-la em seu aspecto material, econômico e político e percebendo-a como conecta ao elemento democrático, quer dizer com uma justiça formal (jurídica) e também material (política), pois não se trata tão só de instituições funcionando, mas garantindo-se ampla participação popular nas decisões da política e nas conquistas decorrentes da construção de uma democracia que ultrapasse os estreitos horizontes do direito tradicional.

Por esse leque de questões, Vieira Pinto (2005, p. 45) alertava sobre o papel da reflexão teórica e suas finalidades, especialmente naqueles países, como o Brasil, objetos da exploração imperial:

> Faz-se mister, antes de tudo, compreender o que significa ser filósofo no país dependente (...) por que a primeira exigência consiste em que não pode significar a mesma coisa ser filósofo no país dominador e no dependente.

E ele arremata mais adiante: "é a luta pela conquista dessas condições de existência humana e dos valores atribuídos às ações materiais por elas exigidas que precisamente chamamos de ética" (Idem, Ibidem, p. 724). E é a partir dessa compreensão é que nosso autor já criticava o passivismo das chamadas filosofias da existência:

> A filosofia da existência, precisamente porque foi sempre produto cultural do centro dominante, tem-se ocupado até agora, entre outros temas, em especular sobre o Nada, o que evidencia não estar interessada em coisa alguma e muito menos em modificar a situação real do homem. (2020, p. 65, et seq).

E prossegue, discorrendo sobre a atividade de interpretação do mundo, da subjetividade e da liberdade, temas caros à filosofia e a teoria do/sobre o direito:

> O filósofo do país periférico não goza da disponibilidade de interpretar o mundo segundo lhe aprouver; nem tem sentido em relação a ele dizer-se que é sujeito à angústia de uma liberdade que não sabe a que se aplicar. Não sofre a vertigem diante do destino abscôndito, o sentimento

de culpa da própria finitude, a náusea em face do Nada, simplesmente porque para ele não há o Nada, há o Tudo. Existencialmente, é um homem em face do Tudo. Do tudo quanto está por se fazer no mundo que é seu.

Daí que perpassa, no conjunto de sua obra, a ênfase em interpretar o desenvolvimento nacional como processo e ter em conta que, nesse conceito está incluído tudo aquilo que define a sua natureza. A questão, entretanto, é que não há como cumprir as tarefas nacionais que esse processo de emancipação exige se não se entende o que é nesse espaço concreto da nação que há de se construir uma forma jurídica que corresponda aos interesses nacionais-populares.

Por isso mesmo, Vieira Pinto assinalava que no próprio âmago do desenvolvimento desigual tem de se levar em conta uma especificidade, qual seja, a de que é preciso distinguir os aspectos de inevitável desequilíbrio causado pelo processo de desenvolvimento daquele outro desequilíbrio "que é expressão justamente da falta de desenvolvimento".

E completava:

> enquanto o primeiro tipo é dinâmico, dialético, se extingue a si próprio ao serem superadas as contradições objetivas, o outro é estático e traduz a estagnação de um estado social de espoliação. Enquanto o primeiro é vencido pelo próprio processo que o determina, o segundo é impedimento ao início do processo de resolução das desigualdades regionais" (VIEIRA PINTO, 1960, p 321).

É pouco provável que o médico e filósofo, que lia e falava fluentemente vários idiomas, não conhecesse algumas obras magistrais da tradição marxista que, central ou incidentalmente, não dessem determinado nível de prioridade aos problemas do domínio colonial e, portanto, da questão nacional, tais como o artigo escrito em julho de 1853 e publicado em 8/08/1853, no *"New York Daily Tribune"*, nº 3840, "Os futuros resultados do domínio britânico nas Índias", escrito por Marx, bem como os principais escritos de Engels sobre tal temática.

Ou que não conhecesse a célebre definição de nação segundo a qual ela é:

> Uma comunidade estável, historicamente formada, de idioma, de território, de vida econômica e psicologia comum, manifestada numa comunidade de cultura. Nenhum dos traços distintivos indicados, tomado isoladamente, é suficiente para definir a nação, mas bastaria que faltasse um só deles para a nação deixar de existir" (STALIN, 1979, p. 252).

No Brasil, como assinalou um outro estudioso da problemática e que atualizou o debate fundamental desde o conturbado período de combate a ditadura:

> Em seu aspecto político a questão nacional e a questão democrática são expressões, em níveis de abstração diferentes, de um mesmo fenômeno de fundo: no Brasil de hoje, a questão nacional é exatamente o cerne e o centro da questão democrática (TERRA, 1977, s/p)

E, nesse campo, também os pensadores fundadores desse campo de reflexão – isto é, Marx e Engels - em sua época produziram variados escritos individuais ou em conjunto, abordando, direta ou incidentalmente, questões jurídicas, a exemplo de 'O socialismo jurídico', 'Miséria da Filosofia', 'A origem da família, da propriedade privada e do Estado', 'O capital', para citar algumas.

A preocupação de ambos girou, no fundamental, acerca do que é e como se manifesta essa peculiar forma de controle social comparecendo, como salientado acima, em variados escritos de Marx, bem como nos demais artigos dele e/ou de Engels sobre o colonialismo, questões das nacionalidades, das origens do direito, da propriedade e da justiça.

A tradição do debate e da elaboração teórica suscitados por Marx e Engels ao examinarem essa plêiade de problemas e a partir dos mais diversos pontos de vista, não apenas apontava que:

> Tudo quanto um país imperialista se veja obrigado a fazer num país dominado, não apenas não promove a emancipação das massas populares e nem melhora a sua condição social, pois tanto uma coisa quanto a outra não dependem apenas do desenvolvimento das forças produtivas, mas de sua apropriação pelo povo"[27].

Todo o exposto ao longo do presente artigo e, especificamente, na presente secção, por si só já evidenciava a importância crescente da centralidade da resolução da questão nacional como parte do aprofundamento da questão democrática não só na tradição marxista como, no caso brasileiro, na produção do ISEB e, dentre os seus teóricos mais destacados, em Álvaro Vieira Pinto, muito especialmente em seus rebatimentos e conexões com a construção, consolidação e afirmação de um autêntico Estado nacional, comprometido com um direito e uma justiça à serviço da sociedade e não contra ela e apesar dela, daí a relevância de uma reflexão sob o viés de uma concepção que pense o Estado não como algo acima da sociedade ou neutro em relação aos seus conflitos, visto ser esse aparato, ainda nos tempos atuais – como sempre foi, é e será - ou um instrumento de espoliação da maioria

---

27 MARX, Karl. Futuros resultados de la dominación británica en las Índias. In: Marx & Engels, Obras Escogidas en tres tomos, Editorial Progreso, Moscú, 1974; t. I, p. 263-266.

da sociedade ou um instrumento a serviço dos que trabalham e produzem.

## O direito nada mais é do que o reconhecimento oficial do fato[28]

Como assinalado ao final da secção anterior (e fazemos questão de iniciar esta secção reiterando-o), o que quer que seja que qualquer país imperialista fizer no país dominado, não o faz para libertar ou emancipar a nação e um povo avassalados – econômica ou politicamente. Também não faz com o benevolente fim de elevar suas condições de vida. As coisas se dão exatamente dessa maneira – e não de nenhuma outra - na medida em que não se trata de um problema de escolha moral por bondade, maldade, egoísmo ou abnegação[29].

Por isso, o que se trata aqui é de encetar uma crítica das ilusões jurídicas que permeiam o chamado 'senso comum teórico dos juristas' e tornam quem atua nesse âmbito presas fáceis dessas ilusões que não passam de ideologia e não de um saber descritivo do que é e de como funciona o direito.

---

28  Na tradução alemã ao original em francês: "Das Recht ist nur die offizielle Anerkennung der Tatsache". A 'Miséria da filosofia' foi publicada em 1847, por Marx. A menção acima comparece no capítulo primeiro da resposta de Marx, capítulo esse intitulado 'Uma descoberta científica' e mais precisamente em seu parágrafo terceiro ('Aplicação da lei da proporcionalidade dos valores', item 'A': o dinheiro) e evidencia o domínio de Marx, como estudante de Jurisprudência que foi, dos conceitos e categorias jurídicas.

29  Como apontaram Marx e Engels, os comunistas não opõem o egoísmo à abnegação e nem conferem a tal dualismo uma forma emotiva e nem fervorosa. Ver: MARX, Karl; ENGELS, Friedrich. A ideologia alemã. São Paulo: Boitempo, 2007, p. 241-2, e FEITOSA, Enoque. O marxismo e o problema da escolha moral. João Pessoa: PIDF-UFPB, 2010, pp. 104 e 149.

E disso decorre que a consciência jurídica quanto mais destituída dessas ilusões mais percebe o óbvio, ou seja, tudo o que fizer ou venha a fazer as classes e setores que exploram o mundo do trabalho e entregam as riquezas nacionais – até mesmo eventuais atos aparentemente benevolentes - será feito visando sempre o aprofundamento da espoliação que praticam, algo condicionado não por atos de suposta boa-vontade, mas pelo caráter historicamente determinado do desenvolvimento das forças produtivas, das relações de produção que foram estabelecidas no país dominado, da forma jurídica que viabiliza essa dominação e do que mais for necessário ser feito para a crescente desapropriação do povo sobre o qual se exerce o domínio.

A concepção da moralidade, a ideia de benevolência e os interesses que movem tal processo, bem como a produção do direito que lhes corresponde são as mesmas que Adam Smith, teórico da economia burguesa, desnudou ao exame dos interesses e das motivações e a suposta boa-vontade de quem comercia.

Logo, para entender teórica e filosoficamente tal processo, ilusões jurídicas pouco servirão. O fato da superação do direito medieval e a instauração do assim chamado direito moderno, não se deu em razão de uma suposta consciência jurídica de pessoas iluminadas pelo período do *esclarecimento* no qual – como alguém mencionou os seres humanos descobriram que tinham capacidade de reflexão e que entre as suas orelhas havia uma matéria pensante.

A nova formatação do direito e das suas manifestações de poder e dominação se deu por que a anterior já não mais correspondia as necessidades da nova ordem econômica – capitalista, substitutiva da feudal.

O direito moderno cuja organização era estatalmente centralizada e tecnicamente dogmatizada – isto é, tendo o império da lei como ponto de partida inafastável - estruturou-se em torno dos valores vencedores os quais cumpriam um papel revolucionário se comparados à ordem anterior.

O trabalho assalariado foi erigido em contraposição ao escravismo, a liberdade de associação e opinião fundou a esfera pública burguesa, o direito de organização e a ampliação da cidadania foram expressos nas declarações dos direitos do homem e do cidadão, porém, muito rapidamente a classe operária, o campesinato e o povo, descobriram que eram, simultaneamente, promessas formais e que, ao mesmo tempo, necessitavam de uma pugna permanente por sua concretização.

Ainda assim, esse direito moderno – mesmo de caráter formal – dogmaticamente organizado (reitero o uso que faz-se aqui desse termo vago e ambíguo: isto é, aquele direito que tem o império da lei ou princípio da legalidade como ponto de partida inquestionável) jogou abaixo as concepções jurídicas feudais ao definir em lei suas características, seus pressupostos e os deveres e imposições dirigidas aos seus operadores, ou seja constrangimentos definidos em leis para que a atividade judicial superasse o arbítrio medieval[30].

E mesmo que com caráter progressista e avançado em relação ao estado de coisas do direito medieval, não demorou para as duras lições da história demonstrarem aos povos que havia um

---

30 O direito moderno tem como características o império da lei ou princípio da legalidade como porto de partida pré-estabelecido e a obrigatoriedade de a autoridade estatal resolver todo conflito jurídico que for levado à sua apreciação. Tem como pressupostos funcionais sua relativa separação das demais esferas normativas, a pretensão do Estado em centralizar (produzir, reconhecer e autorizar) o que é direito numa sociedade, bem como a prioridade das fontes estatais sobre àquelas consuetudinárias. Nesse direito modernizado o Estado produz normas, interpreta-as, decide, argumenta e as aplica sempre com referência em normas postas. FERRAZ JR, T. S. Teoria do ordenamento jurídico. São Paulo: Atlas, 2003, passim, bem como: WEBER, Max. Economia y sociedade. México: FCE, 1997, vol. 2, capítulo 1.

enorme hiato a ser preenchido entre a lei como promessa formal e a sua concretização. Disso decorre que a luta pelo direito e por direitos, no Brasil, não pode abdicar – como de resto ocorreu em toda humanidade – da resposta à pergunta que não haveria como se sufocar: como superar o hiato entre formalidade e concretização dos direitos?

Vieira Pinto, em sua obra, colocou a compreensão científica da realidade como fator de elevação da consciência e ao perceber o nosso status de subdesenvolvimento, não deixou de assinalar ao longo de sua produção não apenas a necessidade da luta pela emancipação nacional enquanto parte do processo da emancipação humana, nele incluindo, como não poderia deixar de ser a luta por justiça, a qual implica as demandas serem construídas e consolidadas na forma de direitos.

Foi por essa clareza em não fazer filosofia de costas para o mundo que Vieira Pinto fez jus ao título que outro brasileiro – o que mostrou o papel da educação das massas como ferramenta para libertação – lhe chamava de "meu eterno mestre"[31]. E, certamente também foi por perceber esses mesmos meandros não só da economia política, mas também do direito, que Marx, em uma relevante passagem de 'O capital', critica as ilusões jurídicas lembrando que os processos de transformação e emancipação social não são feitos por meio de leis

Para Marx, da mesma maneira que para Vieira Pinto e outros autores de formação marxista ao pensarem o Brasil, tais processos, apresentados como idílicos, nada mais são do que momentos fundamentais da acumulação primitiva, os quais repousam, em parte,

---

31    Era assim que Paulo Freire se referia a Vieira Pinto

sobre a mais brutal violência, do qual é exemplo vivo, como foi o caso também no Brasil, o sistema colonial.

Não por acaso que o brasileiro Vieira Pinto, em um escrito seminal, sobre o conceito de tecnologia, chama-nos atenção para duas questões decisivas: uma, a necessidade de se compreender a realidade em que vive o filosofo e a outra, que deriva da primeira e que consiste na autocompreensão do próprio papel como condição necessária para entender (e atuar) sobre tal realidade.

Nesse campo, também se evidencia as conexões da análise de Vieira Pinto com as de Marx e Engels, sobre questões jurídicas, visto que esses dois, da mesma maneira que aquele, destacaram ao se debruçarem sobre um extenso campo de problemas multifacetados ligados à dominação imperialista das colônias e ao processo de emancipação das massas populares, nos avanços e conquistas parciais daí derivados e na busca de melhorias parciais da sua condição social, o fato decisivo de que não se pode perder de vista que todo esse campo de possibilidades não dependem apenas do desenvolvimento das forças produtivas, mas, centralmente, de sua apropriação pelo povo e pelo seu consequente controle social.

E também por isso que ao examinar os processos iniciais de constituição da sociedade capitalista em sua forma dependente e submissa aos países centrais, Vieira Pinto não deixou de se atentar que, além da violência expressa, na assim chamada acumulação primitiva, há outros elementos que rebatem na estruturação do terreno ideológico enquanto espaço justificador dessa específica forma de poder e dominação.

Isso por que Vieira Pinto nos faz inferir (talvez sem ele mesmo se dar conta plenamente disso – algo que demandaria outras pesquisas) um aspecto também decisivo: a alienação/estranhamento que essa acumulação primitiva gerou na estrutura ideológica derivada da nossa formação econômica implicou, no campo da produção do conhecimento sobre direito e justiça, aquilo que vemos até hoje como dependência ideológica e cultural.

E daqui pode se derivar outra hipótese, qual seja: superada a dependência econômica, como isso pode liberar energias e como pode contribuir na ultrapassagem de tal submissão, nas formulações de políticas e de legislação que expressem o controle nacional e popular das conquistas técnicas e do avanço da ciência. Vieira Pinto percebe essa possibilidade emancipatória ao afirmar que a alienação consiste na impossibilidade, pela qual se exerce a dominação, de o país subdesenvolvido ter e exercer o controle de suas possibilidades de desenvolvimento e de romper com os limites que impedem seu crescimento.

Independente das outras conclusões que poderia, legitimamente e teoricamente, ter derivado de tal descoberta, o seu alcance valioso é a afirmação pela qual e segundo a qual o modo de existência da formação econômica capitalista dependente seria dado também pelo trabalho assalariado e não, necessariamente, por formas feudais ou semifeudais.

Destaque-se de passagem que é curioso notar que a forma jurídica burguesa sempre categorizou esse tipo de relação assalariada, na teoria do direito laboral como "trabalho livre subordinado", algo que é teórica e praticamente não apenas errado e não por que seja sustentado pela ideologia liberal, mas sim por expressar uma autêntica 'contradição pendurada em pernas-de-pau', como ironizava Engels, pelo motivo de, ao mesmo tempo, formular que todo direito, inclusive aquele de uma sociedade socialista, é direito burguês.

Essas distorções teóricas e ideológicas persistem e resistem em voltar ao túmulo de onde foram buscadas, porque cuidam de garantir um certo tipo de empreendimento teórico cujo norte fundamental seja dotar não apenas a dominação e poder, bem como uma forma de Direito, de justiça e de Estado que cristalizem as relações até aqui estabelecidas como as únicas que correspondessem a uma dada concepção jurídica antinacional e antipopular.

A sua preocupação em pugnar não só por uma forma determinada de Estado, de justiça e de direito, mas também a defesa de que nosso país adote modelos e concepções que não apenas travam e subordinam nosso desenvolvimento, que limitam a ideia de justiça ao seu aspecto formal e que pretende travar o desenvolvimento nacional soberano, o controle nacional de nossos bens naturais e da propriedade do solo, visto ser ele a fonte originária de toda riqueza, acabou por se tornar um problema cardeal para o processo.de emancipação dos países dependentes e de suas respectivas questões regionais, inclusive naquilo se que expressa na construção de uma forma jurídica que expresse em leis e os avanços populares, embora saibamos, com Drumond, que lírios não nascem da lei.

Vieira Pinto, discutindo a questão da justiça social como parte da sua preocupação permanente com a questão nacional e com o caminho brasileiro para a emancipação, evidencia as relações entre a questão nacional e uma determinada visão de justiça:

> O crescimento nacional é processo histórico, enquanto o orgânico é natural. Sendo histórico, não possui determinismo automático, que o configure num suceder de acontecimentos e em ritmo temporal necessários, como se desdobrasse no tempo uma ralação seminal ou cumprisse a realização de uma enteléquia. Sendo histórico, o país é o espaço da liberdade, só limitada pelas condições materiais com que se defronta[32]

---

32 VIEIRA PINTO, 1960, CRN1, p.29. E na edição da Contraponto, 2020, 34-35. O destaque, aqui, é nosso.

A essa altura vale chamarmos atenção para um texto e um autor até agora não mencionado, mas com uma abordagem sobre problema similar ao que veio a se desenvolver no ISEB. Trata-se de Gramsci debruçado sobre a questão nacional no artigo "A situação italiana e as tarefas do PCI", num escrito que é parte das teses aprovadas pelo III Congresso do então Partido Comunista Italiano, realizado clandestinamente, em janeiro de 1926, em Lyon/França, cujo documento final foi também redigido pelo mesmo Gramsci e que contou com a colaboração de Togliatti e do grupo dirigente presente no Congresso.

Gramsci, quase ao final do texto, aprofunda alguns argumentos em favor do reconhecimento da relevância da questão nacional[33] e, por fim, ao trato dela, não deixou de levar em conta a conexão entre a dominação burguesa herdeira dos hábitos medievais – na metrópole – e o exercício da espoliação nas colônias e ex-colônias, fato este determinante e que o dirigente sardo coloca como convergente os interesses do povo, especialmente dos operários e camponeses, partícipes decisivos da questão regional enquanto fator da questão nacional:

> Como consequência da política do fascismo, determinam-se profundas reações das massas. O fenômeno mais grave é a separação, cada vez mais decidida, das populações agrárias do *Mezzogiorno* das Ilhas, em relação ao sistema de forças que regem o Estado. A velha classe dirigente local já não exerce de modo sistemático a sua função de anel de conjugação com o Estado (GRAMSCI, 1978, s/p).

---

33  GRAMSCI, A. "A situação italiana e as tarefas do PCI". In: Escritos políticos, vol. IV. Lisboa: Seara Nova, 1978, p.209-10, ítem 12.

Sobre esse aspecto, Engels já chamava atenção para o fato de que "só quando uma grande revolução social se apropriar das conquistas da época burguesa, quais sejam, o mercado mundial e as modernas forças produtivas -, submetendo-as ao controle social dos povos, somente então o progresso humano deixará de parecer com o "horrível ídolo pagão cujo único desejo é beber o néctar no crânio do sacrificado" (MARX, s/a, p. 47).

É também de se anotar a essa altura – e sobre a mesma problemática – que, numa carta dirigida ao Editor chefe da revista russa *"OtechéstvenieZapiski"* [Notas Patrióticas], Marx lembrava que em Roma ocorreu, de um lado, a expropriação dos camponeses e sua separação dos meios de produção e, de outro, a formação de uma classe de grandes proprietários de terra e de capital financeiro, e que, em consequência disso, havia, de um lado, homens livres despojados de tudo, à exceção de sua força de trabalho, e de outro lado, e para que explorassem esse trabalho, os que possuíam toda a riqueza adquirida e que a seguir transcrevo:

> Em diferentes pontos de "O capital" fiz alusão ao destino que tiveram os plebeus da antiga Roma. Eles eram originalmente camponeses livres que cultivavam, cada qual pela própria conta, suas referidas parcelas. No decurso da história romana, acabaram expropriados. O mesmo movimento que os separa de seus meios de produção e de subsistência implica não somente a formação da grande propriedade fundiária, mas também a formação dos grandes capitais monetários. (...) O que aconteceu? Os proletários romanos não se converteram em trabalhadores assalariados, mas numa turba desocupada, ainda mais abjetos do que os assim chamados 'brancos pobres dos estados sulistas dos USA. E, ao lado deles, se desenvolveu um modo de produção que não é capitalista e sim, escravagista (MARX, 1990, p. 171).

No Brasil, o papel de Álvaro Vieira Pinto e sua enorme contribuição a dar sustentação e base filosófica a defesa da questão nacional[34] se estendeu, notadamente nas suas obras pós-golpe de 1964, a incorporação da problemática da democracia, da sociologia dos países subdesenvolvidos e, muito especialmente, do direito, da democracia e de questões sociais como a reforma agrária.

Isso porque, na reflexão que ele propôs, tratava-se (e trata, ainda hoje) de garantir o desenvolvimento o qual, para não se excludente, teria de incluir temas sensíveis como o lugar e o papel social da classe trabalhadora (aí inclusa a classe operária, o campesinato e a intelectualidade progressista) no processo da revolução brasileira e da questão da reforma agrária, urbana e do controle do capital especulativo, portanto do direito e da democracia, portanto de justiça política.

E, no caso da terra enquanto problema jurídico, político, econômico e social e, por ser a propriedade do solo a fonte originária de toda riqueza - ela acabou por se tornar um problema cardeal em qualquer processo.de emancipação dos países dependentes e de suas respectivas questões nacionais. E, nesse aspecto, não se trata, como chamou atenção Marx, em artigo de 1872, de discutir os argumentos levantados pelos apologistas da propriedade privada da terra os quais disfarçam o fato primitivo e concreto da conquista e posse sob o manto diáfano do "direito natural" (MARX, 1972).

Lembra o próprio Marx, antecipando-se meio século a crítica demolidora que corretamente se fez a ideia (de base teológica) da existência de um suposto direito natural que, se tal conquista

---

34  Dos trabalhos pioneiros, no mundo acadêmico, sobre Vieira Pinto, é inevitável citar, além dos de Caio Navarro Toledo, Norma Cortes, Marcos Cezar de Freitas, a brilhante tese de Cecília Pires "O ISEB e a questão do nacionalismo", de 1987, orientada pelo Professor José Sotero Caio, no Departamento de Filosofia da UFRJ, especialmente nos seus capítulos primeiro e terceiro.

e posse da terra por uma minoria exploradora constituiu-se em um imaginário direito natural, "bastaria a maioria dos explorados reunir forças suficientes para consagrar o seu "direito natural" de reconquistar aquilo que lhe foi tirado pela força" (MARX, 1972, p. 137). E conclui Marx, apontado a reforma agrária como uma etapa na peleja pela democratização da terra, pela otimização de sua exploração em benefício, inclusive, da preservação da vida humana e do meio-ambiente:

> O movimento social conduzir-se-á, cada vez mais grada-
> tivamente, a decisão pela qual a terra há que ser possuída
> pela própria nação. Abandonar, definitivamente, na
> mão de trabalhadores rurais com pretensões a se torna-
> rem eternamente pequenos proprietários seria fazer, em
> pouco tempo, a sociedade ter que render-se a uma classe
> exclusiva de produtores (Idem, ibidem, p. 138).

Já Gramsci, por sua vez, pensando a via italiana para o socialismo, assinalava que, no campo popular, os comunistas de Turim tiveram um mérito incontrastável, qual seja, o de ter imposto a questão meridional, que foi como se expressou a questão regional na Itália, chamando à atenção da vanguarda, como um dos problemas essenciais da política nacional. E completava o pensador Sardo lembrando que, neste sentido, contribuíram praticamente para fazer sair a questão meridional da sua fase indistinta, puramente intelectualista, fazendo-a entrar numa fase nova.[35]

---

35 GRAMSCI, A. Alguns temas da questão meridional. In: Escritos políticos, vol. IV, p. 171-197. Lisboa: Seara Nova, 1978. A passagem ora mencionada está na página 174. Lá, Gramsci refere como 'atitude intelectualista e concretista' ao "comportamento tendente a enfrentar o problema do mezzogiorno fragmentando-o nos taus aspectos singulares e parciais e perdendo assim a real substância polltica do problema. A superação dessa etapa faz entrar uma fase nova com o operariado revolucionario de Turim e Milao torne-se o protagonista da questao meridional".

Marx, em artigo publicado em 22 de julho de 1853, no "New York Dialy", sobre os resultados eventuais da dominação britânica nas Índias, chamara atenção para o fato de que

> Só quando uma grande revolução social se apropriar das conquistas da época burguesa, quais sejam, o mercado mundial e as modernas forças produtivas -, submetendo-as ao controle social dos povos, somente então o progresso humano deixará de parecer com o "horrível ídolo pagão cujo único desejo é beber o néctar no crânio do sacrificado. (MARX. 2009, p. 47)

Por isso, mostrando o acerto da tese em favor de que a revolução social exige *uma análise concreta de uma situação concreta*, é que Engels, em carta a Bernstein, datada de 09/08/1882, adverte a esse que: "os revolucionários latinos se queixam de haver feito sempre as revoluções em proveito de outros" (ENGELS. **Sobre o colonialismo**, 1974, p. 147).

E completa, em preciso diagnóstico, o mesmo Engels (Idem, p. 147): "isso se dá pela simples razão de que se deixam deslumbrar sempre pela palavra "revolução" e, por isso, estão prontos, a um simples estalar de um motim em alguma parte, o mundo revolucionário latino se exalta sem o menor sentido crítico.

## Conclusão: Álvaro Vieira Pinto, o direito, a justiça e a questão nacional-democrática

O processo e o programa de emancipação para o Brasil – específico e com as características específicas do povo brasileiro - deve preparar o país para completar a construção de nosso devir, daquilo que é o projeto nacional e popular do que entendemos, dado nosso lugar social, como nação brasileira. Mas, ressalte-se que fora dessa nossa perspectiva e fora desse dado lugar social não há como se concretizar uma nação.

Por isso, e para tanto, é preciso retomar o caminho brasileiro e as etapas não-conclusas do projeto das diversas revoluções e lutas emancipatórias dos séculos XVII-XVIII, das lutas abolicionistas, do projeto nacional-desenvolvimentista de 1930-1964 e, inspirados no programa das reformas de base e incorporando a ele o enfrentamento de elementos novos que se integraram na estrutura econômico-social do país, tais como a exacerbação da dependência, a financeirização da economia, a desindustrialização e o desmonte do Estado, inscrevê-las enquanto conclusão dessas etapas, bruscamente interrompida nos anos sessenta, concluir a etapa nacional com o necessário viés democrático-popular de nosso processo de emancipação.

Dessa forma, pensar na questão do direito, da justiça, e do Estado são elementos que determinam e são determinados para definir as vertentes essenciais da nossa questão nacional, algo que se depreende da vasta obra de Vieira Pinto que, com o ISEB, formulou um novo e revolucionário projeto de emancipação de caráter nacional e popular.

Tal qualidade e especificidade de nosso processo foi - e é - decisiva para entender a sua natureza social, bem como compreender as razões pelas quais, para Vieira Pinto, sempre foi elemento de relevo aprofundar a reflexão acerca de quais seriam as tarefas históricas que se tem por enfrentar e, do ponto de vista da própria *práxis*, vê-la inseridas nas tarefas necessárias à presente etapa de nosso processo de luta pela emancipação humana.

A vida e a história nos ensinam que não se faz mudança como se quer, mas nas condições que nos são dadas historicamente.

E isso se pode observar, em seu mais amplo e profundo sentido e alcance, não apenas da leitura dos nossos expoentes do projeto nacional-desenvolvimentista, mas daqueles que aprofundaram-se no exame da questão regional como parte inafastável da questão nacional e que opõe, essencialmente, não apenas regiões pobres e ricas, mas uma proletarização e regressão de direitos no que concerne aos que trabalham no campo – o norte do país e parte do centro-oeste, por exemplo, tem se tornado a imagem de ontem do desenvolvimento desigual do nordeste de ontem: pessoas sem direitos, trabalho análogo ao da escravidão, condições de moradia, superexploração e violência, além de uma nunca realizada reforma agrária.

O porquê de isso acontecer, já Vieira Pinto o percebia e é do que se agora trata de se abordar, em sede de conclusão e o porquê da premência de voltarmos nosso olhar à questão regional como parte, ainda, de um projeto de nação e detê-la como objeto de estudo, o que fizemos ao longo desse artigo.

E essa opção de abordagem permite esmiuçar, no campo da reflexão em torno dos interesses nacionais e populares, os problemas centrais que, a nosso ver, bem evidenciam a contradição principal, aquela entre a nação *versus* a financeirização e desnacionalização de nossa economia.

Por todo o exposto, ao longo do desenvolvimento do presente texto, é de se destacar a relevância de examinar a questão da nação, o que a constitui e caracteriza, e quais os interesses em jogo na sua afirmação. Para isso, uma abordagem da nação e de seu direito a um desenvolvimento autônomo, com sentido de justiça não apenas formal, mas de demandas por sua concretização, como o que se viu nas secções anteriores, não dependente de - nos países centrais, obrigou-nos a enfrentar a questão acerca do que seja a própria ideia de nação é e do que a caracteriza essencialmente.

Mas, para isso não se trata apenas de reafirmar o que seja uma correta abordagem do problema, mas se ter em conta que a afirmação da nação enquanto realidade concreta há que considerar estratégica a demanda por soberania e não apena em seu caráter formal mas pela via da concretização de um desenvolvimento independente e que contribui, direta ou indiretamente, mediata ou imediatamente, para a explicitação daquilo que compõe a essência humana - o trabalho e a atividade consciente, os quais só podem ser reafirmados e consolidados num ambiente de emancipação nacional e humana, não como etapas separadas de forma abissal mas enquanto processo que se dá perante nossos olhos e que o aprofundamento de uma viabiliza as condições de concretização da etapa seguinte.

Assim, e em síntese final, podemos afirmar sem temor de erro: tratou-se, e trata-se, sem delongas, da impossibilidade de se ter compromisso humano concreto sem compreender a questão nacional como etapa de um processo que põe o indivíduo concreto em relação com a independência e soberania nacionais, a democracia mais ampla possível, o Estado democrático de direito e a justiça como etapas necessárias e sem a qual não se garante o pleno desenvolvimento humano.

## Referências bibliográficas

ENGELS, F. **Correspondence avec Lafargue**. Paris: Éditions Sociales, 1975.

FEITOSA, Enoque. **Pensamento nacional-desenvolvimentista e ontologia da nação em Álvaro Vieira Pinto**. In: Revista Princípios, nº40, p, 162-180, 2021.

_____. **O marxismo e o problema da escolha moral**. João Pessoa: PIDF-UFPB, 2010

_____. **O discurso jurídico como justificação**. Recife: EDUFPE, 2008

FERRAZ JR, T. S. **Teoria do ordenamento jurídico**. São Paulo: Atlas, 2003

GRAMSCI, A. **Escritos políticos**, 4 vols. Lisboa: Seara Nova, 1978

HUME, David. **Essays - moral, political and literary. Indianapolis** (USA): Liberty Fund, s/d

HUME, David. **Tratado da natureza humana**. Lisboa: Calouste Gulbenkian, 2016

JHERING, von Rudolf. **L'esprit du droit romain, Tome premiére**. Paris: CMP, 2018

MARX, K.; ENGELS, F. **A ideologia alemã**. São Paulo: Boitempo, 2007.

MARX, K.; ENGELS, F. **La sagrada familia**. Buenos Aires: Claridad, 1971

MARX, K. **The poverty of philosophy: answer to the "Philosophy of poverty" by M. Proudhon**. In: Marx and Engels collected works, vol. 6 (1845-1848. London: Lawrence and Wishart, 2010

MARX, K. **The eighteenth Brumaire of Louis Bonaparte**. In: Marx and Engels collected works, vol. 11 (1851-1853). London: Lawrrence & Wishart, 2010

MARX, K. **O capital**, Livro I. São Paulo: Nova Cultural 1996

MARX, K. **El Marx tardio y La via Rusa: Marx y La periferia del capitalismo** (Seleta de escritos). Madrid: Editorial Revolución, 1990

MARX, Carlos; ENGELS F. **Acerca del colonialismo (artículos y cartas)**. Buenos Aires: Terramar, 2009.

MARX; ENGELS. **Sobre o colonialismo.** Lisboa: Seara Nova, 1974

MARX, K.; ENGELS, F. **Obras escolhidas** – 3 VOLS. Lisboa/ Moscou: Progresso, 1972.

PLATÃO. **República.** Lisboa: Calouste Gulbenkian, 2010

SMITH, Adam. **A riqueza das nações.** São Paulo: Abril Cultural, 1996

STALIN , Josif. **O marxismo e o problema nacional e colonial.** Lisboa: LECH, 1979.

TERRA, Daniel [Cláudio Campos]. **Socialismo e liberdades democráticas.** In: Revista Brasil Socialista, janeiro. 1977, nº 8. Suisse: Nouvelles Editions Populaires, ns.1-10, 1975-1977.

VIEIRA PINTO, Álvaro B. **Consciência e realidade nacional.** Rio de Janeiro. ISEB, 1960, 2 vols.

_____. **A Ciência e existência.** Rio de Janeiro: Paz e Terra, 1977

_____. **O conceito de tecnologia.** Rio de Janeiro: Contrapnto, 2005.

_____. **A sociologia dos países desenvolvidos.** Rio de Janeiro: Contraponto, 2008.

_____. **Consciência e realidade nacional.** Rio de Janeiro: Contraponto, 2020.

WEBER, Max. **Economia y sociedad.** México: Fondo de Cultura.

PINTO, Álvaro Vieira (1909-1987). **Filosofía actual: notas de aulas por José María Rivarola Matto** (organização: Luiz Ernesto Merkle et. al). Curitiba: 2022.

# 6.
## ECONOMIA POLÍTICA DA CIÊNCIA, TECNOLOGIA E INOVAÇÃO: CONTRIBUIÇÕES DE ÁLVARO VEIRA PINTO E THEOTÔNIO DOS SANTOS

*Marcos Aurelio Neves*[36]

O presente artigo traz algumas reflexões sobre a urgência da retomada, no Brasil, dos estudos sobre Ciência e Tecnologia e Inovação (C&T&I) a partir de uma perspectiva da Economia Política.

Entende-se como Economia Política o campo teórico que busca compreender o conjunto das relações sociais, com foco em duas questões principais: 1) as contradições entre o desenvolvimento das forças produtivas e as relações de produção no capitalismo contemporâneo e 2) a divisão internacional do trabalho determinada pela atual fase imperialista do capitalismo.

As ciências e as tecnologias caracterizam-se hoje como uma força produtiva direta. Portanto, compreender o desenvolvimento

---

36 Professor de Física e Mestre em Educação pelo PPGE/UFSC Campus Florianópolis/Instituto Federal de Educação de Santa Catarina/IFSC

e a incorporação dos conhecimentos científicos e tecnológico nos processos produtivos e os seus impactos na atual divisão internacional do trabalho permite-nos compreender a natureza do desenvolvimento das forças produtivas contemporâneas, particularmente o seu papel na evolução das contradições entre o caráter coletivo da produção bens e serviços e o caráter privado da propriedade dos meios de produção determinado pelas relações de produção.

O ponto de partida para o estudo da economia política da C&T&I no Brasil passa, no meu entender, pelo resgate das obras de dois autores brasileiros: Álvaro Vieira Pinto (1909-1987) e Theotonio dos Santos (1936-2018).

As reflexões teóricas de Álvaro Vieira Pinto e de Theotonio do Santos sobre as transformações científicas e tecnológicas no capitalismo contemporâneo e, portanto, das transformações das forças produtivas, iniciaram-se na década de 60 e adquiriram maturidade na década de 70 do século XX. O resultado dessas reflexões são as obras editadas no Brasil com os títulos: "O conceito de tecnologia" de Álvaro Vieira Pinto (PINTO, 2005); "Revolução científico-técnica e capitalismo contemporâneo" (SANTOS, 1983) e "Revolução científico-técnica e acumulação do capital" (SANTOS, 1985) de Theotônio dos Santos.

Essas obras nos mostram o compromisso acadêmico-militante desses dois intelectuais com as classes trabalhadoras. Elas foram produzidas por seus autores em condições políticas e focos distintos. No entanto, os dois adotaram, em seus estudos, uma abordagem histórica-critica centrada no pensamento dialético e na categoria marxista de totalidade. Portanto, do meu ponto de vista, essas obras se complementam nos estudos da Economia Política da C&T&I no capitalismo contemporâneo.

O leitor poderá questionar sobre o porquê resgatar esses autores se as suas produções teóricas se deram em contexto social--político-econômico-cultural de 50 anos atrás. Esse resgate se justifica exatamente pela abordagem teórico-metodológica. Uma abordagem que se opõe à bricolagem pós-moderna quanto ao uso de conceitos teóricos, assim como, se opõe aos limites da logica formal e da consciência ingênua que não conseguem captar o movimento dialético do desenvolvimento científico e tecnológico no capitalismo contemporâneo.

Segundo Álvaro Vieira Pinto uma das deficiências da consciência ingênua, como modalidade de percepção do mundo reside:

> ...na ausência de sensibilidade histórica. Por isso, movida por um essencial impressionismo, eleva à categoria de valor o dado existente, pelo simples fato de ser aquilo imediatamente percebido o que a impressiona à primeira vista. Incapaz de situar o fato no curso do processo que engendra, pois tal atitude supõe a compreensão dialética, ignora o verdadeiro significado das conexões históricas e se mostra impossibilitada de avaliar as situações passadas, a que assistiu. Levada a absolutizar o presente, dele faz o termo final do processo da realidade e deixa os acontecimentos e objetos que não viu nascer na penumbra onde relega tudo quanto não a impressiona diretamente. (2005, p. 233).

Portanto, esses dois autores nos ensinaram e nos ensinam, ainda hoje, a pensar criticamente e responder as seguintes perguntas: o que é tecnologia? Quais são as relações entre a revolução científico-técnica e a acumulação de capital? Qual o papel da ciência e tecnologia adquire na divisão internacional do trabalho? Qual é a particularidade da dependência científica e tecnológica do Brasil e outros países periféricos no atual contexto do capitalismo contemporâneo?

Pensar a economia política da C&T&I é a condição básica para desenvolvermos análises críticas das atuais políticas públicas desenvolvidas para área de ciências, tecnologia e inovação pelos entes federativos (união, Estados e Municípios) do Estado brasileiro no século XXI.

Tendo como horizonte um projeto político nacional de soberania científica e tecnológica, onde as classes trabalhadoras assumam um protagonismo histórico, busco mostrar, ao longo do artigo, a atualidade do pensamento de Álvaro Vieira Pinto e de Theotonio dos Santos como referenciais teóricos para análises das políticas públicas de Estado de C&T&I.

Por fim, como forma de estimular o leitor em suas análises críticas das políticas públicas de C&T&I apresentamos aqui dois estudos de casos de investimentos em infraestrutura de pesquisa, desenvolvimento e inovação P&D&I realizados no Brasil. Esses dois estudos se referem à constituição do Polo Tecnológico de Florianópolis/SC e a constituição, pelo Governo Federal, da Empresa Brasileira de Pesquisa e Inovação Industrial (EMBRAPII).

## Situando o objeto de reflexão

No jornal Valor (15/12/2022) lemos a seguinte manchete: "EUA vão proibir venda de tecnologia à chinesa YMTC". A matéria assinada por Demetri Sevastopulo, do Financial Times, nos informa que os EUA ameaçam excluir do seu comércio as empresas chinesas de chips, proibindo as empresas americanas de vender/comprar tecnologia dessas empresas, conforme determinação do Departamento de Comércio estadunidense, além de estabelecer o controle de exportações.

Sevastopulo caracteriza essa ação do Departamento de Comércio estadunidense como "guerra tecnológica" entre EUA e China. Ou seja, o governo americano vem tomando um conjunto de ações que visam

> dificultar o desenvolvimento pela China de tecnologias com aplicações militares, como a inteligência artificial, a execução de modelos matemáticos sobre armas nucleares e a criação de armas hipersônicas (2022, s/p)

O cerco a China não se restringiria somente aos EUA, mas também contaria com seus aliados, particularmente o Japão e a Holanda, que produzem as máquinas para fabricar chips.

O resgate desta notícia tem como objetivo apresentar o objeto da reflexão que pretendo fazer sobre a economia política da C&T&I, qual seja, o vínculo do desenvolvimento científico e tecnológico, particularmente das tecnologias digitais com a segurança nacional de um país, a geopolítica internacional e a acumulação do capital. Não se trata de uma simples *guerra comercial* entre corporações empresariais multinacionais, mas de uma questão de reposicionamento das nações na divisão internacional do trabalho e do exercício de poder econômico, político e militar no mundo.

Portanto, não existe hoje, no mundo, espaço para ingenuidade e/ou improviso no campo de C&T&I. Os Estados nacionais devem obrigatoriamente estabelecer políticas públicas com vista a consolidar uma infraestrutura de ciência, tecnologia e inovação como vetor principal para adquirir soberania militar, energética, alimentar e científica/tecnológica. Pensar um Brasil soberano que tenha os trabalhadores como protagonistas das decisões estratégicas do Estado exige uma massa crítica de jovens universitários, cientistas, gestores públicos e dirigentes políticos capazes de pensar a economia política de C&T&I. Vamos, portanto, as contribuições de Álvaro Vieira Pinto e Theotônio dos Santos.

## Contribuições de Álvaro Vieira Pinto

Foge do escopo deste artigo fazer uma apresentação da vasta obra de Álvaro Vieira Pinto (AVP). Caso o leitor tenha interesse em conhecer em detalhe a vida e obra desse filósofo brasileiro convido-o a acessar a Rede AVP, organizada por Luiz Ernesto Merkle da UTFPR (https://alvarovieirapinto.org/), cujo objetivo é a divulgação e pesquisa do pensamento, vida e obra de AVP.

Não resta nenhuma dúvida de que Álvaro Vieira Pinto foi um dos maiores estudiosos da realidade brasileira e concordo plenamente com Benjamin quando afirma que:

> desconhecemos que algum pensador brasileiro, em qualquer tempo, tenha produzido uma reflexão tão abrangente, profunda e exaustiva sobre o fenômeno da técnica e seus impactos sobre a sociedade" (PINTO, 2005, nota do editor).

Essa reflexão abrangente, profunda e exaustiva a que se refere Cesar Benjamin, está sistematizada nos dois volumes do livro "O conceito de Tecnologia" do qual extrairei algumas contribuições que darão base as análises críticas das atuais políticas públicas de C&T&I do Estado brasileiro.

Inicialmente é importante fazer um paralelo entre o contexto da modernização industrial nas décadas de 60/70, do século XX, e a atual modernização industrial do século XXI. No momento que AVP está escrevendo a obra *O conceito de Tecnologia* vivia-se um *"estado de espírito de embasbacamento"* com as novas tecnologias, quais sejam, a incorporação dos processos de computacionais e de automação nos processos produtivos industriais. Naquele momento histórico, a base filosófica, científica e ideológica da modernização era a denominada *Ciência Cibernética*, que desempenhou um papel importante em diversos ramos do conhecimento como: teoria de sistemas e regulação, teoria da informação, princípios de automação e técnicas computacionais. Sobre este contexto ressaltou AVP:

> em nossos dias, porém, em face das criações cibernéticas e da ameaça, vaticinada por simplórios videntes, da robotização da humanidade, o que se questiona é a natureza dos produtos da inteligência, a relação entre eles e as finalidades e o destino do homem. Suspeita-se e teme-se que o homem esteja começando a engendrar monstros que o irão devorar, ou aniquilarão suas mais suas mais caras realizações, os valores imemoriais e as respeitáveis estruturas sociais. A razão de tão desastroso fenômeno de contágio social encontra-se na irrefletida aceitação da crença de estarmos vivendo, pela primeira vez no desenvolvimento da espécie, a época em que teve lugar a seguinte apocalíptica inversão: a máquina deixou de obedecer incondicionalmente ao homem para se tornar a dominadora do homem" (2005, p. 7/8).

Conceitos que aparecem nas décadas de 60/70 do século XX como *"era tecnológica"* e *"segunda revolução industrial"* caracterizam, segundo AVP, o impressionismo da consciência ingênua. Assim a primeira crítica desenvolvida por AVP no seu livro é dirigida a esse *"estado de espírito de embasbacamento"* com as novas tecnologias. Este maravilhar-se do homem diante do que faz leva a seguinte observação de AVP:

> o homem maravilha-se diante do que é produto seu porque, em virtude do distanciamento do mundo causado pela perda habitual da prática de transformação material

da realidade, e da impossibilidade de usar os resultados do trabalho executado, perdeu a noção de ser o autor de suas obras, as quais por isso lhe parecem estranhas". (2005, p.35)

Diante dos atuais avanços tecnológicos da década de 20, século XXI, marcados por termos como: *indústria 4.0, internet das coisas* (IoT), *inteligência artificial* (IA), *metaverso, nanotecnologias etc.* é fácil perceber que o *"estado de espírito de embasbacamento"* de parcela da população não se alterou depois de 50 anos.

A referência ao atual período como *"era tecnológica"*, conceito já presente nas décadas 60/70, do século XX, está, segundo AVP, carregada de ideologia.

> O conceito de *era tecnológica* encobre, ao lado de um sentido razoável e sério, outro tipicamente ideológico, graças ao qual os interessados procuram embriagar a consciência das massas, fazendo-a crer que têm a felicidade de viver nos melhores tempos jamais desfrutados pela humanidade. (2005, p.41)

A força dessa ideologia está no sofisma, entre outros, de converter a obra técnica em valor moral. Ao revestir-se a técnica de valor moral abre-se espaço para que este valor seja dado pelos grupos dirigentes e promotores do progresso que pretendem manter a sua posse. Coube e cabe ainda aos intelectuais orgânicos dos países centrais, e seus asseclas nativos letrados, em proclamar que todos fomos, somos e seremos os beneficiários da *civilização tecnológica* e da tecnologia desenvolvida pelos países imperialista.

> Com efeito, se todos vivemos sob a mesma privilegiada égide do saber técnico e se, para tão afortunada condição se mantenha, é forçoso conservar unida a parte da humanidade civilizada por ela beneficiada, a afirmação de valores nacionais, os anseios de independência

econômica são nada menos que delitos contra a segurança tecnológica de todos, esforços insensatos por destruir as condições objetivas que possibilitam o progresso comum." (PINTO, 2005, p. 43)

Sobre a natureza inédita da transformação cultural causada nas décadas 60/70, do século XX, pela ciência cibernética, AVP nos diz, fazendo um contraponto com a consciência ingênua:

> Toda origem de um produto cultural, como a ciência ou a técnica, revela-se ao mesmo tempo relativa e absoluta. Relativa, porque depende de todas as realizações precedentes, cada uma das quais foi em seu tempo uma origem; e absoluta, porque cada qual diferencia-se das anteriores por traços distintos e irrepetíveis, a saber o modo como aproveita o caráter relativo que possui, os determinantes sobre os quais se funda." (2005, p. 10)

Como vemos, para AVP a ciência e a técnica são produtos culturais intimamente ligados a ação humana. Portanto não há como desvincular a técnica e a ciência do próprio processo de *hominização* e da luta permanente do homem contra a natureza para produção da sua própria existência por meio dos processos de trabalho coletivos. Nesse sentido a técnica, de qualquer tipo, é para AVP:

> uma propriedade inerente à ação humana sobre o mundo e exprime por essência a qualidade do homem [...] que se apodera subjetivamente das conexões lógica existentes entre os corpos e os fatos da realidade e as transfere, por invenção e construção, para outros corpos, as máquinas, graças aos quais vai alterar a natureza, com uma capacidade de ação imensamente superior à que caberia aos seus instrumentos inatos, os membros de que é dotado. (2005. p.136-37)

Neste sentido, não há como separar o homem da técnica. Logo a condição básica para compreender a técnica é ver nesta "o modo de ser humano que unifica a racionalidade objetiva da natureza à racionalidade subjetiva do homem". (VIEIRA PINTO, 2005a, p.136) Ao tomar a técnica como ser em si e não uma mediação a consciência ingênua fica desnorteada, por desconhecer a "dialética da realidade, a tomar por *seres em si* o que não passa de *mediações* no fluxo de um processo." Portanto, segundo AVP, a "aquisição da técnica, não é um fato técnico, e sim político, uma decisão da vontade soberana dos legítimos representantes e dirigentes do país pobre". (VIEIRA PINTO, 2005b, p. 680)

> O ponto de partida para desenvolver qualquer análise da técnica, tem de consistir, parece-nos indubitável, no reconhecimento do papel que os conhecimentos tecnológicos e os objetos, especialmente ferramentas e máquinas, que tais noções levam a criar, desempenham na produção da existência pelo homem. Ao contrário do animal irracional que ganha a existência, o homem a produz (2005. p.155)

A categoria *nação* para Álvaro Vieira Pinto é estruturante nas suas reflexões sobre tecnologia. Tendo ciência do caráter assimétrico do desenvolvimento da economia internacional AVP trabalha com o binômio países centrais e países periféricos. Ao denunciar os aspectos ideológicos dos termos como *"era tecnológica"* e *revolução tecnológica*, ou seja, a ideologização da tecnologia AVP esclarece que uma das artimanhas dos porta-vozes dos países centrais é atribuir como causa da condição periféricas de diversos países a "insuficiência de cultura e instrumental técnicos". Diante de tal diagnóstico, AVP responde:

> Não percebem que de fato há insuficiência, mas é relativa, e isso em dois sentidos: primeiro, o povo pobre

possui sempre um grau, embora inferior, de tecnologia, que pode ser a base para rápido desenvolvimento; segundo o acesso à tecnologia representa um fato político, depende do poder de soberania de que o povo atrasado dispõe. Com efeito, por um lado os problemas têm de ser resolvidos por ele mesmo, ou seja, cabe-lhe a invenção e a adaptação de técnicas que atendam à suas necessidades, sem estar obrigado a importar aquelas correspondentes à solução de problemas de uma conjuntura superior e alheia ... O importante está em ser o planejamento da aquisição técnica dirigido pelo centro interno de poder, estranho a injunções estrangeiras, em benefício exclusivo do povo que decide tomar a si a conduta de seu destino". (2005. p. 680, et seq)

Cabe, portanto, a consciência crítica reafirmar permanentemente que "a vinculação estabelecida entre técnica, produção e conhecimento não é exterior e formal, mas imanente e dialética."

## Contribuições de Theotônio dos Santos

Para o leitor compreender as conexões teóricas entre Álvaro Vieira Pinto e Theotônio dos Santos recupero o artigo "40 anos da Teoria da Dependência: Lições da nossa história", apêndice 4 do livro "Teoria da dependência: balanço e perspectivas" (SANTOS, 2015).

Theotonio dos Santos ao referir-se sobre o início das suas produções teóricas, em 1962 na UnB, que resultariam nas suas contribuições à denominada "Teoria Marxista da Dependência" faz referência a sua relação com Álvaro Vieira Pinto:

Tanto Ruy (Mauro Marini) como eu, tínhamos uma relação especial com Guerreiro Ramos e o grupo do ISEB. Lembremo-nos que Álvaro Vieira Pinto dirigia nesta época o ISEB e criara a coleção dos *Cadernos do*

*Povo Brasileiro* para qual preparei o 6º livro sobre "Quem são os inimigos do povo brasileiro". O ISEB era uma referência fundamental do pensamento social brasileiro. (SANTOS, 2015, s/p)

Theotonio dos Santos após seu exílio em 1966, decorrente do golpe militar em 1964 no Brasil, desenvolveu ao longo da 70 do século XX uma intensa atividade acadêmica em várias instituições internacionais, particularmente na Universidade Nacional Autônoma do México (UNAM). Foi nessa universidade que organizou, entre outros, um seminário sobre economia política de ciência e tecnologia no contexto do capitalismo contemporâneo.

Suas reflexões sobre os efeitos do que ele convencionou chamar de *revolução científico-técnica* sobre as formações sociais contemporâneas resultou numa ampla produção acadêmica, a partir de uma abordagem latino-americana, que analisa particularmente

> seus efeitos contraditórios sobre o Estado e a política científica do capitalismo contemporâneo" e as "relações dessa *revolução científico-técnica* com o processo de acumulação do capital [...]. (SANTOS, 1983, p. 07).

Como afirma Santos

> [...] só a noção de uma revolução científico-técnica como um estágio superior do desenvolvimento das forças produtiva nos permite enfrentar corretamente a problemática derivada do progresso técnico contemporâneo (1983, p. 9)

qual seja, a ciência contemporânea se converte numa força produtiva direta que modifica inclusive o ciclo do capital.

Tendo como referência a economia política marxista, Theotônio dos Santos desenvolve seus estudos num momento histórico posterior ao surgimento da grande indústria que possibilitou a passagem da *apropriação formal* do trabalho pelo capital para uma fase de *apropriação real*. O autor enfatiza assim os aspectos revolucionários do progresso técnico e científico sob a dinâmica do desenvolvimento capitalista que impulsionou a crescente socialização do processo produtivo e a exacerbação das contradições com o modo de produção capitalista.

Para Theotonio dos Santos não existe um desenvolvimento "neutro" da ciência e tecnologia, pois:

> [...] enquanto o capital dominar o processo de produção, o desenvolvimento da ciência e da tecnologia estará sujeito ao princípio da exploração do trabalho, do incremento de mais-valia e da taxa de lucros. (1983, p.13).

Por outro lado, o autor reconhece o caráter libertador do desenvolvimento das forças produtivas no capitalismo contemporâneo uma vez que:

> ...o capitalismo conseguiu realizar a síntese entre o desenvolvimento do sistema produtivo e o desenvolvimento do conhecimento humano sistemático, que a técnica pode utilizar muitos dos conhecimentos produzidos nas etapas anteriores, uma vez que só então encontraram a possibilidade de aplicá-los. (1983, p.14)

A economia política marxista da C&T&I, como campo teórico que busca compreender o conjunto das relações sociais, foca sua atenção na necessidade do capitalismo aumentar sua taxa de lucro, que por sua vez depende da redução dos custos de produção. Desta forma, Theotonio dos Santos resume de forma magistral as ações que o capitalista precisa incorporar no planejamento da sua produção:

> a) reduzir o valor da força de trabalho, aumentando a produtividade nos setores produtores de bens salariais;
>
> b) incrementar a produtividade do trabalho acima da média do setor ou do ramo em que opera, introduzindo melhorias tecnológicas dos meios de produção ou intensificando a jornada de trabalho (racionalização da gestão e do controle);
>
> c) reduzir o valor dos meios de produção mediante o aumento da produtividade nos setores de produção dos bens de capital e de matérias-primas, bem como na construção de instalações etc.;
>
> d) reduzir a rotatividade do capital fixo através da utilização mais intensa dos meios de produção ou de seu aperfeiçoamento técnico;
>
> e) diminuir os custos de circulação das mercadorias, do transporte e da comunicação, da comercialização etc. (1983, p.15)

A rigor só entenderemos os vetores dos investimentos do Estado capitalista e dos investimentos privados em C&T&I se compreendermos como as ações acima mencionadas orientam as exigências e desafios científicos e tecnológicos no cotidiano da produção capitalista contemporânea.

Foi justamente essas contribuições teóricas que os estudos de Theotonio dos Santos buscaram captar, quais sejam, compreender quais as mediações sociais que permitiram ao capital apropriar-se do desenvolvimento da C&T&I. Estes estudos se dão no contexto dos anos 70 do século XX onde os processos de automatização industrial se intensificam com o desenvolvimento da computação e da ciência cibernética. Esta combinação do desenvolvimento computacional (*hardware* e *software*) e os estudos cibernéticos possibilitaram a introdução dos primeiros passos da inteligência artificial, por meio de processos de retroalimentação, no chão de fábrica", possibilitando assim a substituição de "máquinas individuais por um sistema completo de processos integrados.

> A utilização dos recursos tecnológicos consideráveis criados pela computação constitui fundamentalmente uma resposta às necessidades do capital. Neste sentido, será então natural que as tarefas de gestão que asseguram o domínio do capital sobre o trabalho sejam aquelas que atraiam a maior atenção no desenvolvimento da computação. (SANTOS, 1983. p. 39).

Cabe ressaltar que as reflexões de Theotonio dos Santos tem como base as contribuições teóricas desenvolvidas e concluídas por Radovan Richta e sua equipe em 1967 sob os auspícios da Academia de Ciências da Tcheco-Eslováquia, que caracterizou esse processo amplo de mudanças tecnológicas como *"revolução científico-técnica"*.

Uma dimensão importante e fundamental nos estudos da economia política marxista da C&T&I, para Theotonio dos Santos, é compreender a ciência como investimento. Compreender esta dimensão na dinâmica do capital exige entender o quanto as mudanças tecnológicas influenciam: na taxa de lucro do capitalista individual; no tempo de difusão da tecnologia introduzida em determinado ramo da produção; na proporção entre o capital constante e capital variável dentro do processo produtivo; na queda do valor dos bens de produção etc.

O leitor pode perceber que resgatar os estudos da economia política da C&T&I exige um esforço teórico enorme, porém necessário para pensar um projeto nacional de soberania científica e tecnológica. Porém não é difícil perceber que a progressiva acumulação capitalista está diretamente relacionada ao exercício do domínio, cada vez mais amplo, pelo capital dos processos de mudanças tecnológicas. Este fato exige a crescente concentração econômica, dado à necessidade de investimentos em ciência cada vez maior em qualquer ramo da economia, seja no processo produtivo direto, seja no âmbito da circulação da mercadoria, pois o capital exige a contração do tempo e do espaço para realização da mercadoria.

Para tanto exige-se que a aproximação de pesquisa básica, pesquisa aplicada e desenvolvimento se aproximem cada vez em qualquer planejamento de P&D&I obrigando a uma redefinição do Estado capitalista quanto ao financiamento das atividades científicas. Como afirma Theotonio dos Santos:

> O desenvolvimento da pesquisa básica supõe a existência de um *excedente econômico* bastante amplo na sociedade, que permita não só a manutenção de um grande número de cientistas e técnicos que não realizam atividades diretamente produtivas, como também o dispêndio dos enormes recursos que exigem as suas formações... Desta forma, a proporção dos gastos e recursos alocados por uma formação social à pesquisa básica se constitui num índice bastante significativo da sua riqueza e da sua determinação em preparar-se para os futuros progressos do sistema produtivo. (1983, p. 66).

Ora, este *excedente econômico* citado traduz-se concretamente em impostos necessários, pagos pela sociedade, para financiar os custos de um sistema público estatal de C&T&I que, numa economia de mercado, são fundamentais para às condições de reprodução do capital privado. Estamos, portanto, diante, mais uma vez, de uma contradição imanente do capitalismo que é o custo socializado do financiamento do desenvolvimento das forças produtivas e a forma de apropriação privada da riqueza gerada decorrente das relações de produção estabelecidas.

# Estudo de Caso: o Polo Tecnológico de Inovação em Florianópolis.

*Polo tecnológico* é a denominação dada a um arranjo institucional que envolvem centros de referências em tecnologia e inovação, incubadoras de *startups*, condomínios de empresas de base tecnológica e distritos industriais. Estes arranjos institucionais normalmente decorrem de políticas públicas que envolvem a mobilização das universidades públicas (particularmente seus centros tecnológicos), dos centros de pesquisas vinculados ao Ministério de Ciência, Tecnologia e Inovação, das associações empresariais de base tecnológica, a EMBRAPA, a EMBRAPII e órgãos públicos que respondem pelos fomentos de projetos como o FINEP, BNDES, as fundações de pesquisas (exemplo FAPESC, FAPESP, Araucária/PR e outras) e o SEBRAE.

Sem ter a pretensão de fazer uma análise geral de todas as iniciativas que criaram esses polos tecnológicos no Brasil, análise esta que demandaria informações específicas sobre a história, o arranjo institucional, o desenvolvimento e principalmente o financiamento desses arranjos institucionais caso a caso, optei por apresentar um estudo de caso sobre o polo tecnológico do município de Florianópolis/SC e a partir desse caso particular tirar algumas conclusões mais gerais.

A pergunta central é: qual a contribuição efetiva do polo tecnológico de Florianópolis para a consolidação de um projeto nacional de soberania científica e tecnologicamente no Brasil?

Ao apresentar aqui um balanço particular do polo tecnológico de Florianópolis/SC espero que o leitor tome iniciativa de pesquisar outros polos tecnológicos para que tenhamos futuramente um balanço mais robusto sobre às políticas públicas de C&T&I desenvolvidas pelo Estado brasileiro, particularmente, verificando se essas políticas públicas se colocam dentro de uma estratégia de soberania nacional.

Início a apresentação com algumas informações sobre o histórico e a dimensão atual do que se consagrou chamar de *"polo tecnológico de Florianópolis/SC"*. Os relatos históricos (XAVIER, 2010) situam, como marco temporal, o ano de 1986 como data das primeiras inciativas de articulação do polo. Atribui-se essas iniciativas aos denominados *"empreendedores individuais"* da área de tecnologia. Estes geralmente já tinham algum histórico de conexão, como pesquisadores ou ex-alunos, com os programas de pós-graduações do centro tecnológico da UFSC. Tipicamente um arranjo institucional que envolve o setor público, o setor privado e a academia.

A criação da Associação Catarinense de Tecnologia (ACATE) envolvendo as empresas de base tecnológica teve e tem um papel fundamental na organização e na representação política e econômica desse setor empresarial. Esta representação teve inicialmente o município de Florianópolis como base e atualmente sua representação estende a todo estado de Santa Catarina. Coube e cabe a ACATE um papel chave, principalmente na articulação dos recursos financeiros, junto aos órgãos governamentais para viabilizar e consolidar os ambientes de incubação das futuras *startups*. As referências internacionais geralmente citadas de incubação e ecossistema de inovação são: o Vale do Silício - Califórnia/EUA; o Distrito 22@ - Barcelona e Tel Aviv/Israel.

Fica claro, na leitura dos documentos oficiais desse setor, que as incubadoras, a exemplo do ParqTec Alfa (1995), do Centro de Inovação ACATE, do *Sapiens* Park, etc. que abrigaram as *startups*, micros e pequenas empresas de tecnologia tem como base de financiamento os recursos públicos dos entes federativos (Município, Estado e União). Não cabe aqui um detalhamento do histórico da formação dos arranjos institucionais que viabilizaram e consolidaram o Polo Tecnológico de Florianópolis, mas analisando os documentos históricos não há dúvida que os recursos financeiros e humanos da UFSC, da FAPESC, do SEBRAE e das secretárias estadual e municipal de C&T&I foram decisivos para instalação de incubadoras, agências de marketing, constituição de fundos específicos de C&T&I, editais, eventos corporativos e o que se denomina Rota da Inovação SC 401 dentro da ilha de Santa Catarina no Município de Florianópolis.

Em 2022 o Sebrae/SC apresentou um estudo inédito que mapeou 1.301 *startups* no estado de Santa Catarina, sendo que 80% dessas estavam localizadas em 10 municípios do estado, dos quais 37% estavam concentradas em Florianópolis. Este estudo além de verificar a localização das *startups*, apresentou informação sobre modelo de receitas, faturamento médio e maturidade e estágio dos negócios. (SC INOVA, 2022)

A concentração de 37% das *startups* em Florianópolis a princípio pode surpreender, uma vez que as regiões catarinenses mais dinâmicas da indústria se encontram nos municípios de Joinville, Blumenau e Jaraguá do Sul e da agroindústria encontra-se na região oeste. Florianópolis até a década de 80 do século XX era uma cidade que concentrava basicamente os serviços públicos, um comércio local e uma promissora região turística. O fato de Florianópolis abrigar em 2023 um parque industrial de empresas de base tecnológica, cuja arrecadação de ISS (Imposto sobre Serviço) supera os setores empresariais de construção civil, saúde e turismo, mostra que uma política pública iniciada formalmente em 1986, portanto há 37 anos, pode redesenhar a economia local de um município ou região metropolitana.

Segundo dados divulgados na imprensa catarinense no primeiro semestre de 2023, este *"ecossistema tecnológico catarinense*" era composto por 22 mil empresas de tecnologia com um faturamento anual de R$ 22 bilhões e responde por 6,1% do PIB catarinense, empregando diretamente próximo de 76 mil trabalhadores. Estas empresas desenvolvem basicamente *software*, *hardware* e serviços de tecnologias das áreas de saúde, construção civil, gestão de dados, logísticas, tecnologias embarcadas em sistemas de monitoramento etc.

Para termos uma dimensão da capilaridade das empresas de base tecnológicas do Polo Tecnológico de Florianópolis nos diversos ramos empresariais basta ver como atua a direção da ACATE. Além da diretoria executiva, a entidade organiza as "*verticais de negócios*" cujos diretores responsáveis têm o papel de dinamizar e propor atividades para as empresas em seus segmentos de mercado. As verticais são: Agronegócios; Conectividade & Cloud; Construtech; Educação; Energia; Fintech; Games; Governança & Sustentabilidade; IoT (Internet das coisas); Manufatura; Saúde e Segurança.

Nesse "*ecossistema de inovação*" observa-se que as empresas de base tecnológica desenvolvem uma cultura de eventos que mobilizam milhares de jovens estudantes e recém-formados das universidades, dos institutos federais e do sistema S (Senai, Senac) para dialogarem com empresários do setor, a exemplo de eventos como *Startup Summit, Startup weekend* (organizado pelo SEBRAE), *Floripa Conecta* etc. A cultura irradiada nesses eventos, além da forte ideologia do *empreendedorismo individual*, há uma profusão de termos expresso na língua inglesa (ex: Healthtecs, meetups, Summit, corporate venture, players, smart cities, benchmarkings etc.) demostrando claramente o desejo de internacionalização desse *ecossistema de inovação*.

Em que pese o fato desse *ecossistema de inovação* ter surgido e se sustentado dentro das incubadoras e distritos industriais com incentivos fiscais e recursos públicos, observa-se uma forte articulação desse setor empresarial com os fundos de investimentos nacionais e internacionais (denominados em alguns casos de *"investidores anjo"*). Outra característica presente na cultura dessas startups é conviver com as estratégias empresariais de fusões e aquisições (M&A – Mergers & Acquisitions). Ou seja, o horizonte empresarial de muitas startups é consolidar-se num segmento de tecnologia (industrial, agronegócio, logísticas, gestão e serviços) e ser futuramente negociada em boas condições financeiras por grandes *"players"* do mercado (eufemismo para os grandes monopólios e as empresas multinacionais).

## Estudo de Caso – Empresa Brasileira de Pesquisa e Inovação Industrial – EMBRAPII

Antes de falar propriamente da EMBRAPII faço um breve comentário sobre a Empresa Brasileira de Pesquisa Agropecuária (EMBRAPA) que no ano de 2023 completa 50 anos de existência. A referência institucional para criação da EMBRAPII é a EMBRAPA, empresa pública vinculada atualmente ao Ministério de Agricultura e Pecuária que impactou, sem dúvida, a produtividade e modernização agrária capitalista no país. Porém, cabe lembrar que este aumento de produtividade e modernização agrária ocorreu sem ruptura com a estrutura latifundiária no campo. Pelo contrário, nesse período tivemos um processo contínuo de ampliação do controle das terras por grandes monopólios econômicos nacionais e internacionais, particularmente do setor financeiro e do agronegócio.

A modernização agrária capitalista no Brasil se deu a despeito de uma efetiva reforma agrária. Este fato nos mostra que a institucionalização da P&D&I no Brasil, a exemplo da EMBRAPA que desenvolve pesquisas e inovações voltada para uma agricultura e pecuária adaptada ao clima tropical, não basta para consolidar um projeto nacional de soberania científica e tecnológica, dado que as condições de dependência do Brasil permanecem, mesmo que internacionalmente o país tenha hoje um papel de destaque na produção de alimentos.

Portanto, fica a pergunta: que papel cumpre a EMBRAPII na articulação de um projeto nacional de soberania científica e tecnológica? Para responder a esta questão apresento algumas informações básica ao leitor sobre a EMBRAPII.

A EMBRAPII foi criada em 2013 como organização social (OS) e não como empresa pública como a EMBRAPA. Ela nasce como parte uma política pública do Estado brasileiro de incentivo financeiro às inovações em processos industriais a partir de projetos pactuados entre centros/laboratórios de pesquisas, vinculados a universidades, institutos federais, SENAI, e as empresas privadas.

Portanto a EMBRAPII situa-se na interface das políticas públicas de pesquisa aplicada, desenvolvimento e inovação (P&D&I) e das políticas industriais adotadas pelo Ministério de Desenvolvimento da Industria, Comércio e Serviços. Como organização social a EMBRAPII se estrutura a partir de *Polos* que reúnem centros/laboratórios de pesquisa já consolidados em diversas áreas do conhecimento e com condições de desenvolver projetos de P&D&I demandados pelas empresas.

O aporte de recursos financeiros não reembolsáveis da EMBRAPII às empresas privadas que demandam soluções tecnológicas de inovação consegue mitigar os risco e custos característicos das atividades de P&D&I. Até abril de 2023, segundo o website da EMBRAPII, foram R$ 2,8 bilhões investidos envolvendo 1.345 empresas e 2.004 projetos, sendo que do montante investido 32,9% foram aportados pela EMBRAPII, 49,8% recursos das próprias empresas demandantes e 17,2% dos laboratórios, denominados *Unidades Polos EMBRAPII*. Normalmente os recursos contabilizados para as unidades polos EMBRAPII são recursos humanos (salários e bolsas-pesquisador) e a infraestrutura laboratorial utilizada.

As unidades polo EMBRAPII têm seus focos voltados para as áreas tecnológicas que atuam e cuja expertise já é reconhecida antes mesmo de se tornarem uma unidade polo da EMBRAPII. Elas atuam a partir de um modelo próprio de negócio cujo plano de ação visa atender as demandas empresariais de inovação.

Cabe ressaltar que após a criação da EMBRAPII um novo marco legal de P&D&I foi criado. Este marco legal foi resultado da promulgação da Emenda Constitucional nº 85/2015 que resultou posteriormente na Lei 13.243/2016 regulamentada pelo Decreto nº 9.483/2018. Segundo as exposições de motivos que normalmente acompanharam os projetos de lei, o marco legal visa "favorecer o desenvolvimento do ambiente de inovação no Brasil". Alterou-se um conjunto de legislações que tratavam entre outros pontos, das fundações de apoio, do regime diferenciado de contratações públicas, das licitações, da importação de bens para pesquisa, de isenções de importações e de contratação temporárias.

No contexto do marco legal acima referido, a EMBRAPII representa a concretização de alianças estratégicas entre empresas e institutos de C&T, sejam eles públicos ou entidades sem fins lucrativos. As unidades polos da EMBRAPII poderão receber *royalties*, terem tratamento prioritário e procedimentos simplificados para processos de importação, apoio a internacionalização, regulamentação jurídica dos acordos de parcerias, convênios e transferências de tecnologia para o setor privado, dispensa de licitação para aquisição ou contratação de produtos para pesquisa e para o desenvolvimento de obras e serviço de engenharia para os laboratórios e por fim prestação de contas simplificadas.

Como se vê a criação da EMBRAPII não é uma ação isolada, mas resultado de um amplo movimento, articulado principalmente por parcerias público-privado que envolvem empresas privadas, órgãos da administração pública direta, agências de fomento, institutos de C&T&I públicos e privados, SEBRAE etc.

Apreender e compreender esse movimento no seu conjunto é parte do desafio dos estudos da economia política de C&T&I no Brasil principalmente porque um dos princípios propagados por esse movimento é de que os produtos tecnológicos decorrentes dessas parcerias, assim como marco legal de P&D&I instituído, favorece estrategicamente a promoção das atividades cientificas e tecnológicas que contribuem decisivamente para os desenvolvimentos econômico e social do Brasil.

## À Guisa de Conclusão - desafios teóricos da economia política da C&T&I no Brasil

O olhar sobre os dois casos acima descrito – Polo Tecnológico de Florianópolis como *ecossistema de inovação* e a criação da EMBRAPII – tem como objetivo inicial reconhecer que há efetivamente esforços teóricos e práticos no Brasil de modernização das forças produtivas com o consequente aumento sistêmico da produtividade nos processos produtivos (aumento da taxa de lucro) e de circulação da mercadoria (logística, serviços e comercialização) com vista a *realização da mercadoria*.

No caso dos chamados *ecossistemas de inovação* (polos tecnológicos, incubadoras, arranjos produtivos locais/regionais, distritos industriais) os esforços teóricos e práticos tomam dimensões, em alguns casos, de um movimento social envolvendo milhares de estudantes, pesquisadores, gestores públicos, associações empresariais e universidades. Geram-se ambientes institucionais que canalizam investimentos financeiros e articulam um conjunto de expertises científica e tecnológica em torno de problemas e desafios reais colocados pelo processo produtivo de uma economia de mercado.

Porém, quando se analisa a cooperação científica e tecnológica internacional desses ambientes institucionais de P&D&I no Brasil com outros países vemos as limitações desses ambientes. Recente estudo divulgado no boletim anual OCTI pelo Centro de Gestão e Estudos Estratégicos (CGEE/OCTI, 2023) nos mostra que dentre os cinco principais países que o Brasil desenvolve colaborações científicas (EUA, Inglaterra, Alemanha, Portugal e Espanha) temos pouca relevância estratégica para os arranjos institucionais de P&D&I desses países.

> Os resultados apresentados revelam que as redes internacionais de colaboração científica do Brasil, ainda, exibem assimetrias importantes, visto o lugar menos estratégico do País em relação aos seus principais parceiros colaboradores. Seus esforços reúnem-se em agendas concentradas por pesquisadores europeus e/ou norte-americanos e o Brasil ainda não figura entre suas colaborações prioritárias. A atual participação internacional é importante por alçar o País em eixos fortes de colaboração científica, porém ainda é necessária uma política de atratividade mais evidente que permita ao País diversificar seus interlocutores e assumir posições de maior relevância em pesquisas conduzidas com pesquisadores de outras nações. (CGEE/OCTI,2023. p. 23).

A constatação acima mostra que os esforços teóricos e práticos de aumento sistêmico da produtividade e modernização do processo produtivo e de circulação da mercadoria no Brasil está limitado por alguns condicionantes que descrevo abaixo:

A opção da burguesia nacional (financeira, industrial, comercial e agrária) pelo desenvolvimento associado aos grandes monopólios internacionais, o que sedimenta a dependência econômica e tecnológica da região;

A inexistência de um projeto nacional de soberania política, econômica, energética, alimentar, científica e tecnológica gera uma fragmentação das distintas instituições que compõem a infraestrutura brasileira de P&D&I, o que vai na contramão da história, uma vez que se exige cada vez mais dos Estados nacionais a coordenação, sistematização e planificação de todas as fases do desenvolvimento da C&T&I;

A existência de uma ideologia do *"empreendedorismo individual"* que, somada com tese liberal da *"mão invisível do mercado"*, debilita a construção de uma política pública efetiva de C&T&I que amplie o compromisso do Estado brasileiro com os grandes projetos nacionais em áreas estratégicas (energia, química fina, aeroespacial, telecomunicações, etc.);Estruturas limitantes da economia brasileira marcada por poucos setores com alta qualificação, sendo que esses estão ligados normalmente a produtos e serviços para uma minoria da população com alta renda e detentores da riqueza nacional;

A ausência de um enfrentamento político e econômico com as redes verticais de comércio internacional lideradas pelas empresas multinacionais denominada de *cadeias globais de valor*. A inexistência de interesse efetivo dessa burguesia nacional de superar a grande desigualdade da distribuição de renda da população no Brasil; a baixa capacidade organizativa da classe trabalhadora para interferir nos processos decisórios que envolvam mudanças tecnológicas nos processos produtivos; a inexistência de um pacto federativo (munícipios, estados e União) que vincule os subsídios, incentivos fiscais, fundos setoriais e linhas de créditos ao desenvolvimento de conteúdo nacional e a estratégias de formação profissional dos trabalhadores;

Fragilidade da relação orgânica entre os centros de P&D&I e o setor industrial brasileiro, característica típica das economias periféricas e dependentes.

A superação desses condicionantes exige vontade política e uma estratégia que coloque no centro do debate a *questão nacional*. Porém, dado a opção estratégica da burguesia nacional de vincular-se, como sócia minoritária, aos grandes monopólios internacionais aceitando a atual divisão internacional do trabalho tem frustrado historicamente a construção de um projeto nacional de Nação e a superação dos condicionantes acima citados.

Este fato impõe politicamente a necessidade de as classes trabalhadoras tomarem para si a tarefa política de construção de um Brasil soberano. Entre outras tantas tarefas políticas e organizativa para alcançar este objetivo cabe aqui destacar a urgência da disputa de hegemonia no campo da ciência e tecnologia que hoje está capturado politicamente pelas teses do liberalismo econômico.

Resgatar as contribuições de Álvaro Vieira Pinto e Theotonio dos Santos, no meu entender, fortalece o debate da economia política da C&T&I tão importante para formação de uma massa crítica de dirigentes sindicais da classe trabalhadora, estudantes, pesquisadores e gestores públicos. Esse resgate é uma condição necessária, porém não suficiente, para darmos o primeiro passo na construção do projeto político de nação soberana e da revolução brasileira.

# Referências Bibliográficas

CGEE/OCTI. Boletim Anual OCTI 2022. **Centro de Gestão e Estudos Estratégicos** v.1 (jun. 2021). v.2 (maio, 2022). v.3 (jun. 2023). Brasília: Centro de Gestão e Estudos Estratégicos. 2021.

EMBRAPII (2023) - **https://embrapii.org.br/** Acesso em: 20/06/2023.

FREITAS, Marcos Cesar de. **O conceito de tecnologia: o quarto quadrante do círculo de Álvaro Viera Pinto.** In: PINTO, Álvaro Vieira. O conceito de tecnologia. Rio de Janeiro: Contraponto, 2005.

PINTO, Álvaro Vieira. **O conceito de tecnologia.** Rio de Janeiro: Contraponto, 2005.

SANTOS, Theotonio dos. **Revolução científico-técnica e Capitalismo contemporâneo.** Petrópolis/RJ: Editora Vozes, 1983.

_____. Revolução científico-técnica e acumulação do capital. Petrópolis/RJ: Editora Vozes, 1987.

_____. **Teoria da dependência: balanço e perspectivas.** Florianópolis/SC: Editora Insular, Reedição ampliada e atualizada,2015.

**SC INOVA**, Revista, Edição agosto 2022 - https://issuu.com/scinova/docs/revista_sc_inovva_2022_final_v3_2_

XAVIER, Mário. O Polo Tecnológico de Florianópolis: origem e desenvolvimento. Editora Insular, Florianópolis, 2010.

# 7.
# CONCEPÇÃO DE HOMEM, TRABALHO, CULTURA E EDUCAÇÃO EM ÁLVARO VIEIRA PINTO

*Vanderley Amboni*[37]

Neste texto, o foco é a investigação sobre a concepção de homem, trabalho, cultura e educação presente em Álvaro Borges Vieira Pinto (AVP) no devir histórico e no processo de formação do humano-social, que são objetos de reflexão e análise. O processo investigado são os escritos de AVP sobre a existência do homem, trabalho, cultura e educação, cujo interesse manifesto na investigação sobre as obras de AVP e compreensão sobre a formação humana pelo trabalho, cuja singularidade da vida cria o mundo humano e suas manifestações culturais e, com ela, a educação em seu processo humano-histórico-dialético. Nele, a vida do homem é um devir posto pelo processo de separação da barreira natural, sob o qual emerge o trabalho como ato pensado na materialidade

---

37 Doutor em Educação pela Universidade Federal de São Carlos [UFSCar]. Professor do Colegiado de História da UNESPAR | Campus de Paranavaí. Pesquisador sobre a educação socialista soviética e educação no MST. E-mail: vanderlei.amboni@unespar.edu.br.

do objeto, que possui valor de uso e uma natureza humana trabalhada no ato de produzir. De forma precisa, Vieira Pinto assinala a amanualidade em seu processo de domínio sob o fazer, sob tornar objeto o concreto pensado. Neste processo, o controle sobre a amanualidade objetiva no processo de produção de instrumentos necessários à vida do homem. Mas AVP aborda também a educação no devir histórico-formativo-social do homem. Neste processo, o homem é um ser histórico-dialético, cuja natureza humana se processa na amanualidade de bens produzidos pelo trabalho no ato da produção da existência. No ato da produção da vida material é singular o ato de comer, beber, vestir-se, se abrigar e amar tornado humano. É isto se faz e se aprimora por meio da amanualidade, que produz o projeto pensado pelo homem de forma que as necessidades sejam atendidas por meio da materialidade dada pelo trabalho, pois, afirma Vieira Pinto "[...] todo práxis visa a realizar o ser do homem, isto é, com o domínio cada vez ativo no mundo onde se acha" (2005, p. 245). Nela, se manifesta a natureza humana, cuja existência é produto do tornar-se homem e, neste processo, tornar-se ser cultural, portanto, criador de instrumentos de trabalho e de ideias. Nesse sentido, o homem desenvolve técnicas de trabalho e habilidades manuais que o permitem criar para si o espaço onde se instala e vive nas condições dadas pela natureza e estabelecidas socialmente por meio da cultura material. Com efeito, Vieira Pinto assevera:

> A cultura é uma criação do homem, resultante da complexidade crescente das operações de que esse animal se mostra capaz no trato com a natureza material, e da luta a que se se vê obrigado para manter-se em vida. Os animais, mesmo os de complexidade orgânica relativamente alta, não produzem a própria existência, mas apenas a conservam com o uso dos instrumentos naturais de que seu corpo é dotado e que lhes permitem um

conhecimento da realidade suficiente para a procura e identificação do alimento, o encontro de condições de abrigo e a tomada de atitudes defensivas, que lhes asseguram, com caráter constante, as condições de vida. No homem esta situação se alterou; a capacidade de resposta à realidade cresceu de intensidade e qualidade, porque, ao longo do processo de sua formação como ser biológico, as transformações do organismo lhe foram permitindo, em virtude do desenvolvimento da ideação reflexiva, inovar as operações que exerce sobre a natureza, e com isso praticar atos inéditos, desconhecidos no passado da espécie. Tais atos vão-se acumulando na consciência comunitária, graças à hereditariedade social dos conhecimentos adquiridos, porque, em virtude dos favoráveis resultados que propiciam, são recolhidos, conservados e transmitidos de uma geração a outra. (1969, p. 121-122)

Para esse fim, as obras de referência que foram objeto de estudos e reflexões traz a compreensão que AVP tem sobre o fundamento do trabalho na existência do homem e, a partir dele, as relações de produção da vida material e cultural e as formas de educação no devir da sociabilidade do homem, cuja consciência crítica, nos ensina Vieira Pinto

> [...] toma consciência de seus determinantes no processo histórico da realidade, sempre, porém aprendendo o processo em totalidade e não considerando determinantes os fatores correspondentes aos interesses individuais. (2005, p. 226)

Pois:

> [...] considere-se que em qualquer sociedade o homem é necessariamente levado a pensar de acordo com o modo de produção desenvolvido no momento em que ele está vivendo, pois, a maneira como nos organizamos

para produzir a nossa sobrevivência determina nossa forma de pensar e agir socialmente, fazendo com que nos tornemos seres situados no tempo e no espaço [...]. (BEZERRA NETO, 2009, p. 3).

Para nossa intenção, o texto apresenta duas seções: na primeira, abordaremos a natureza e sociabilidade do homem, cuja vida é a realização do ato constitutivo no processo de amanualidade e na relação existencial entre o homem e a realidade, "[...] a linguagem distribui-se ao longo de todo o processo do conhecimento, desde as formas incipientes dos tropismos, dos hábitos, instintos e reflexos condicionados [...]" (VIEIRA PINTO, 1969, p. 80) pela luta diária pela vida, cuja natureza dialética se manifesta no ato de fazer-se humano. Neste processo, Vieira Pinto sustenta que "[...] a linguagem sempre existiu, visto que não significa outra coisa senão a manifestação da interação entre a matéria viva e o meio exterior" (1969, p. 80), o que dota o ser natural de meios de comunicação na organização da vida, do tornar-se humano na criação do mundo humano.

Na segunda seção, nosso objeto é o trabalho, cultura e educação na materialidade no devir do homem. A base de reflexão é o materialismo histórico-dialético, cujo trabalho está na essência da hominização, que tem na produção da vida material a produção da cultura e da educação como elo de sociabilidade e de reprodução da vida material. Neste processo, Vieira Pinto assinala que "[...] o homem, que por essência está destinado a procurar a natureza, para sobre ela, se constituir a si mesmo, encontra em lugar dela cada vez mais a obra de outros homens" (2005, p. 225) e isso é trabalho objetivado no devir da existência do homem, que se constituiu e se fortalece por meio da cultura criada e da educação que fundamentam sua formação social na relação com a forma trabalho estabelecida, pois esta fundamenta a vida do homem em sociedade. No aspecto educacional, Vieira Pinto argumenta:

> A finalidade da educação não se limita à comunicação do saber formal, científico, técnico, artístico, etc. Esta comunicação é indispensável, está claro, porém o que se intenta por meio dela é a *mudança da condição humana* do indivíduo que adquire o saber. Por isso, a educação é substantiva, *altera o ser do homem* [...]. (1993, p. 49)

Por fim, a investigação partirá das leituras realizadas sobre as obras de AVP, cujo método de abordagem das relações entre homens e natureza se faz por meio da dialética existencial do homem em seu devir histórico-social. Na exposição feita, o leitor poderá refletir sobre o processo constitutivo do homem e das sociedades, que são objetos de estudos para AVP. Com efeito, Marx, asseverou:

> [...] o concreto é concreto porque é a síntese de muitas determinações, isto é, a unidade do diverso. Por isso o concreto aparece no pensamento como o processo de síntese, como resultado, não como ponto de partida, ainda que seja o ponto de partida efetivo. (1983, p. 218-219)

Por isso, Marx (1983) apontou que a pesquisa deve captar com todas as minúcias do material dado pela totalidade a sua singularidade, analisar suas diversas formas de desenvolvimento e descobrir a sua ligação interna. Só depois de cumprida esta tarefa se pode expor adequadamente o movimento geral.

## Natureza e sociabilidade do homem

> [...] Muitas espécies animais, e de variados ramos zoológicos, são capazes de fabricar ninhos, colmeias, formigueiros e até passadiços, como os castores, sem que

sejam movidos por representações cognoscitivas superiores às que se devem apenas aos instintos hereditários, ao que parece, sem capacidade evolutiva. Só o homem na sua atividade construtiva cria Cultura, porque só ele, ao mesmo tempo em que opera sobre a natureza e obtém produtos do engenho, cria no pensamento ideias que representarão a realidade, a própria ação que pratica, e que por isso podem tornar-se guias e princípios para a organização dessa atividade. O poder de ideação, representado superiormente pela faculdade de imaginação, como poder de livre combinação das ideias e faculdade de concepção de projetos de ser, suplantando a esfera dos instintos, dota o homem de uma consciência que é a raiz da sua caracterização como animal culto [...]. (VIEIRA PINTO, 1969, p. 136).

O homem é um ser da natureza. Como qualquer animal luta pela vida diariamente e têm necessidades externas para sua reprodução, cuja existência[38] não pode prescindir da alimentação e proteção. No processo natural de sua existência ele é um animal presente na natureza, cujas diferenças não o distinguem entre os animais que lutam pela vida. É na luta pela vida que o homem se afasta da barreira de forma perene e passa a suprir suas necessidades biológicas pelo trabalho, o que o torna, no devir de sua existência, a produzir sua existência material e os instrumentos de trabalho necessários à vida. Neste processo, a amanualidade se torna um

---

38 Para nós, a categoria 'existência' nada tem de idealista nem de antissocial, não significa 'o modo pessoal de vida', mas ao contrário, implica tudo quanto há de pessoal na individualidade, os fundamentos materiais, objetivos, sociais das determinações particularizantes, que engendram o ser único e insubstituível a partir de condicionantes coletivos e gerais. A existência não se reduz à consciência, conforme a tese central das filosofias existencialistas, mas adquire a apresentação da realidade a partir do processo biológico que produz essa representação em função das condições sociais objetivas. (VIEIRA PINTO, 2005, p. 23).

instrumento hábil na luta pela vida, cuja habilidade transforma o homem em um construtor de ferramentas úteis ao trabalho. Nesse ato singular, o homem cria as condições de sua reprodução, o torna social e, ao mesmo tempo, sujeito de sua historicidade. Com efeito, Vieira Pinto (1969, p. 136) diz-nos: "[...] ao produzir a cultura o homem ao mesmo tempo se produz a si próprio em forma de constituição de um modo social de convivência", mas essa construção é um processo coletivo, sob o qual o homem produz sua vida e se organiza materialmente para o devir histórico. Neste processo, Vieira Pinto assevera:

> O homem não adapta a si a natureza, não constrói o mundo em que vive e, por conseguinte, não produz as ideias de que se valerá para a produção subsequente, por seu esforço isolado, mas sempre numa ação coletiva, em união com um grupo de semelhantes, que pode a princípio ser diminuto, mas tende continuamente a crescer [...]. (1969, p. 87)

Refletindo sobre o pensamento de AVP, Rodrigues (2016, s/p, et. seq.), diz-nos que "Vieira Pinto concebe o homem a partir dos aspectos da história natural e os da história do homem, enquanto produtor de cultura", pois "a característica da história natural assume uma dinâmica 'evolutiva' do ser vivo", o que se constitui no "desenvolvimento do homem, enquanto ser cultural". Neste processo, "o homem, ao realizar uma atividade produtiva, cria a cultura", cuja natureza material é encontrada no meio ambiente, que condiciona a produção de vida material e transforma a natureza e o próprio homem como sujeito histórico-cultural, posto que sua existência é produto das relações sociais que os mesmos estabelecem no ato da autorrealização e do exercício prático da amanualidade, o qual produz o domínio sobre o objeto externo ao homem e ele o faz por meio de uma práxis determinada pela necessidade existencial. E, neste processo, afirma Vieira Pinto:

> [...] A práxis, da qual a técnica mostra um aspecto regular, metódico, consciente, representa a execução das possibilidades existenciais do homem em cada momento do desenvolvimento histórico de suas forças produtivas, sob a forma de invenção e fabricação de máquinas e utensílios. O homem é um ser vivo compelido biologicamente a criar para si o ecúmeno onde se instala. O animal, prisioneiro do acervo de instintos, que recebe por herança química, não possui práxis nem, portanto, técnica, mas se limita a usar a diminuta variedade de condutas estereotipadas de que dispõe, com o fim de enfrentar o desafio do momento. Está condicionado ao estado do meio ambiente e não pode modificar-se individualmente, só conseguindo fazê-lo pela via de seleção biológica. No animal, a espécie, enquanto totalidade, é quem representa um ser individual, que trava o jogo das contradições da matéria viva com a natureza inerte. Por isso, a espécie, e não o indivíduo, resolve as contradições com o meio, mas está obrigada a utilizar-se de mecanismos que transcendem a vida de cada exemplar, nega a individualidade, dissolvendo-a na existência dos congêneres. O homem, porém, escapa ao acorrentamento às variações hereditárias porque se converte em animal 'prático'. Cada indivíduo humano constitui-se em ser autônomo porque interioriza, mediante o desenvolvimento de um particular tipo de reflexo condicionado, os motivos do comportamento, e assim o pode variar de acordo com as finalidades propostas para si mesmo [...].
> (2005, p. 245)

Neste devir, o homem produz sua existência, seu mundo e, ao mesmo tempo, desenvolve formas particulares de cultura, sob condições dadas e encontradas no ambiente natural no qual ele produz e reproduz sua existência. Há um potencial dado ao homem, que é a matéria-prima humana, que não pode ser modificada no devir histórico, assim como também a estrutura cerebral tem permanecido a mesma desde a aurora de sua história, mas o ser humano muda no processo histórico de sua existência. Com efeito, Fromm assevera:

> [...] o homem de *fato* muda no decurso da história: ele se desenvolve, se transforma, é o produto da história; assim como *ele* faz a história, ele é seu próprio produto. A história é a história da autorrealização do homem; ela nada mais é que a autocriação do homem por intermédio de seu próprio trabalho e produção: 'o conjunto daquilo a que se denomina história do mundo não passa de criação do homem pelo trabalho humano, e o aparecimento da natureza para o homem; por conseguinte, ele tem a prova evidente e irrefutável de sua autocriação, de suas próprias origens'. (1962, p. 35-36)

Na autorrealização se faz presente a autocriação do humano-histórico, pois, na produção da vida – no ato de comer, beber, vestir-se, se abrigar – o homem cria o mundo humano e as relações de produção necessárias à existência da vida, que, sob determinadas condições, condiciona formas de luta pela vida distintas umas das outras, condiciona as relações de produção e "[...] são as relações de produção em primeiro lugar que determinam o que o homem é em determinadas condições, a isso os filósofos chamam de natureza humana [...]". (SCHAFF, 1969, p.81). Com efeito, Vieira Pinto argumenta:

> [...] fora do sistema de relações sociais o 'homem' tem existência apenas abstrata, não passa de ideia geral; o que de fato existe é sempre o homem concreto, ou seja, aquele que se acha envolvido por determinado sistema de relações produtivas, cuja realidade não depende da sua vontade, mas foi forjada ao longo expansivo da capacidade produtiva comum da espécie humana, de melhor

apropriação dos fatores naturais em seu proveito. (1962, p. 10-11)

E o que é o homem? Vieira Pinto responde que é um complexo determinado pelas relações que o mesmo estabelece socialmente com outros homens e com o mundo da produção. Por isso, o homem é um ser concreto, real, cuja real existência não depende dele, mas das condições dadas e encontradas no mundo material a ser transformado. No processo de autorrealização/autocriação do homem, Rodrigues (2016, s/p, et. seq.) sustenta que AVP concebe que "o processo de criação da cultura suprassumiu o evolutivo" e, "disso decorre que a linguagem, os instrumentos de trabalho, as normas criadas pelos homens, identifica-os como ser cultural", pois "é o humano-social em suas relações consigo mesmo, com os outros e com a natureza, quem produz a cultura". Mas a cultura, para nós, não é alheia ao mundo e às relações que o humano-social estabelece entre si nos modos de produção que a cultura material produz. É uma cultura concreta, portanto, é uma cultura material, sob o qual o humano-histórico-social reproduz por meio da educação. Neste aspecto, corrobora nosso estudo a assertiva de Braverman, para quem

> [...] a forma de qualquer sociedade, não é criação instantânea de 'leis' que geram aquela sociedade num lugar e diante de nossos olhos. Toda sociedade é um momento no processo histórico, e só pode ser aprendida como parte daquele processo. (1987, p. 29)

Com efeito, Vieira Pinto, assevera que

> [...] o homem é, por definição, um ser que produz sua existência. Ao contrário do animal irracional, que se reproduz nas condições que o ambiente lhe oferece, o

homem cria as condições que lhe permitem viver e se reproduzir. (1975, p. 20 – tradução nossa[39])

Neste ato Vieira Pinto demonstra que o homem é um ser que se faz no cotidiano de sua existência, e isso o qualifica a tornar-se humano e o faz na relação que estabelece na produção da vida. Este processo de criação do humano como ser concreto e objetivado na relação, como Schaff afirma:

> [...] assim, do ponto de vista do homem, o processo humano de criação é um processo de autocriação. Assim, graças ao trabalho a espécie Homo–sapiens nasceu, evoluiu e continua a transformar-se. (1969, p. 85-86)

Não obstante, Childe assegura:

> Na história humana, as roupas, ferramentas, armas e tradições tomam o lugar das peles, garras e instintos na busca de alimentos e abrigos. Hábitos e proibições, representando séculos de experiência acumulada pela tradição social, substituem os instintos hereditários, para facilitar a sobrevivência de nossa espécie. (1975, p. 32)

No ato de tornar-se humano há duas naturezas transformadas. A natureza em si mesma, pois se constitui em objeto de trabalho, portanto, é transformada no ato de produção da vida material, a qual, por sua vez, também transforma o homem em seu devir histórico-dialético-social e produz pela ação idealizada na mente materiais e equipamentos com o uso e a destreza das mãos.

---

39 [...] el hombre es, por definición, un ser que produce su existencia. Al contrário del animal irracional, que se reproduce en las condiciones que el medio le ofrece, el hombre crea las condiciones que le permiten vivir y reproducirse. (VIEIRA PINTO, 1975, p. 20).

Mas, no processo de criação, também se criam ideias que formam o homem sobre seu mundo real, tornando o mundo acessível ao conhecimento. Produz as representações e os valores da cultura sob o qual os homens se reproduzem materialmente e, com certeza, os aspectos de uma dada superestrutura ideológica criada sob o modo de produção que produz e reproduz o homem em sua existência material. Como ser social, o homem é um ser de cultura, pois sua existência pressupõe a criação de objetos idealizados na mente dando formas pelo caráter de amanualidade presente em seu ser histórico-dialético-social, cujo ato se torna objeto concreto e de conhecimento, pois, afirma Vieira Pinto, "[...] o homem, ao se constituir no topo da racionalidade que possui em cada época, não apenas produz o conhecimento dos entes e processos particulares [...]" (1969, p. 74) mas também as condições reais de reprodução social e de sociabilidade em quaisquer devir social. No devir da existência da vida do homem, segundo Vieira Pinto

> [...] Por uma imposição imanente à razão é levado a construir o sistema explicativo geral dos dados particulares que percebe. E levado a refletir sobre a totalidade do real; o produto dessa reflexão, que busca explicar e coordenar racionalmente todos os aspectos do mundo, é o que se chama urna filosofia. Por conseguinte, o movimento da razão que conduz ao conhecimento do mais restrito detalhe da realidade, da lei, do comportamento, das partículas mais recônditas que a compõem, é o mesmo que cria simultaneamente as sínteses mais vastas e ousadas, as filosofias, que devem explicar igual e coerentemente o todo e as partes, e as relações entre ambos. Notamos aqui a presença e o significado dos contrários e sua unidade. [...]. (1969, p. 74)

Nas palavras de AVP, o homem, por coerência e sentido da vida dadas pelo trabalho e organização das relações sociais a serem estabelecidas no trabalho, é levado a refletir sobre o mundo real em sua totalidade, o que o leva a criar sistemas de explicação em consonância com a racionalidade desenvolvida no devir da vida. O caráter dado à explicação busca a materialidade dialética objetivada pelo homem na produção do conhecimento, que é sempre um processo de conceituação do ato objetivado na produção da vida material, ou seja, na produção de bens necessários à vida. Para Vieira Pinto, o devir do homem traz:

> Na perspectiva dialética e histórica, a ação do homem no mundo natural, que seu crescente desenvolvimento biológico lhe vai permitindo, produz duas ordens de resultados; a criação de objetos artificiais e a de ideias, com que cada vez vai representando melhor e mais extensamente a realidade no pensamento. Ambos esses tipos de resultados são cultura. A ideia, uma vez formada, prefigura ações futuras sobre a realidade material. Deste modo, em sua própria origem, a cultura é uma síntese da dupla capacidade de agir fisicamente e de representar mentalmente, que o homem adquire ao se ir constituindo fisiológica e psiquicamente em animal diferenciado. Sendo uma síntese, é reunião de modos opostos de ser, de produzir. Desvenda-se, assim, um aspecto capital do conceito de cultura: seu caráter de mediação de toda realização. A cultura é simultaneamente operação inteligente exercida no mundo material e ideação operatória na esfera do pensamento. São dois aspectos distintos da realidade do mesmo agente, o homem, na integridade de sua natureza. Por isso, o homem torna-se o vínculo unificador dessas faces opostas. A unificação entre os dois lados da cultura, ele a cumpre pelo fato de existir [...]. (1969, p. 35)

Mas este ato não é abstrato. Conforme se lê em Vieira Pinto, Schaff e Childe, ele transforma de forma contínua o sujeito e o objeto pelo trabalho. Nesta perspectiva, Paro (2022) traz o homem com sujeito histórico em suas ações. Nela, Paro argumenta:

> Disseminada pelo senso comum existe a ideia de que, para nominar o homem, diferenciando-o dos demais seres vivos, basta qualificá-lo de animal racional. Este entendimento é por demais insuficiente, pois continua restringindo o conceito de homem a suas características naturais: um ser animado que tem um cérebro desenvolvido, ou mais desenvolvido do que os demais seres da natureza. [...] o homem, como espécie, é muito mais do que isso, exigindo um conceito que ultrapasse as fronteiras de seu corpo físico. Por isso, [...] utilizei a palavra 'humano-histórico', para indicar um ser: a) dotado de vontade, que transcende a Natureza, manifestando-se diante do mundo e criando valores (Ética); b) que, com vistas a esses valores, exerce uma atividade histórica chamado trabalho, por meio do qual transforma a Natureza, transformando sua própria natureza e fazendo a História. (2022, p. 210-221)

Estas relações também são apreendidas por Vieira Pinto, cuja dialética imprimida pelo homem em seu devir o faz tomar consciência do mundo humano e de sua existência. E essa apreensão é um processo de captura da materialidade pela mente do homem, que transforma o conhecimento em pensamento concreto e, no processo, conceitua a existência do objeto no mundo humano, isto é, o objeto ganha materialidade e representação conceitual como concreto pensado. Nesta perspectiva, assevera:

> [...] O espírito do homem passa a conhecer o mundo objetivo na medida em que as hipóteses concebidas para explicar a realidade estão sendo testadas e, portanto, passam para a dignidade das teorias, que são a expressão

da máxima inteligibilidade do mundo dos fenômenos sensíveis. Vieira Pinto (1975, p. 8 – tradução nossa[40])

Com efeito, Vieira Pinto argumenta:

> [...] Toda realidade material perdura, manifestando no tempo alguma modalidade essencial da sua constituição objetiva. No homem essa modalidade adquire significado novo, qualitativamente distinto, o da historicidade. Ao viver, o homem historiciza o tempo, a duração cronológica do existir da realidade [...]. (1969, p. 188)

Neste aspecto, Rodrigues reafirma a assertiva sobre a concepção de homem em AVP, para quem:

> O homem é tanto um ser produto da cultura quanto um produtor de sua existência e dos seus meios de sobrevivência para si e para a geração futura. Pela ação produtiva, o homem se origina enquanto ser homem, ou seja, o trabalho é a atividade mediadora entre o mundo e a sua existência no âmbito do mundo cultural. Ao criar a cultura o homem cria a linguagem, a qual constitui o veículo mediador de comunicação do sujeito e o objeto, do homem com os outros e, por fim, dele com a realidade social. O ato de agir sobre o mundo possibilita ao homem desenvolver e ampliar a sua capacidade cognitiva e criativa. (2016, s/p).

Nas palavras de AVP, o homem é um produto de sua história no tempo material, concreto, cuja natureza do trabalho o domina e o insere no mundo em movimento, cuja dialética se faz presente nas ações humanas sobre a natureza, que as transformam

---

40 [...] El espíritu del hombre llega a conocer el mundo objetivo en la medida en que las hipótesis concebidas para explicar la realidad van siendo comprobadas y, por lo mismo, pasan a la dignidad de teorías, que son la expresión de la máxima inteligibilidad del mundo de los fenómenos sensibles. (VIEIRA PINTO, 1975, p. 8).

para si, criando modos de produção de existência da vida e os faz reconhecer como homens históricos e, neste processo, adquirem conhecimento sobre sua historicidade, o que lhe permite também historicizar o tempo e historicizar no tempo-humano e desenvolver técnicas para viver no mundo do trabalho. Nesta acepção, Vieira Pinto diz-nos: "[...] viver no mundo da técnica enuncia a normal definição da condição humana, porque expressa aquilo que a distingue da animal [...]". (2005, p. 254). Nesta qualidade humano-social, viver no mundo é também quantificar o tempo vivido, cujo domínio sobre o tempo capacita-o para refletir sobre sua existência como totalidade com toda significação da realidade que a história apresenta e ele a capta no processo histórico de sua vida. Com efeito, Vieira Pinto assim sintetiza:

> [...] Ao historicizar o tempo, dando-lhe as dimensões de passado, presente e futuro, a consciência, vendo-se a si mesma enquanto culminância do processo objetivo, como seu produto supremo chegado agora a um termo que assume caráter qualitativo distinto, o de subjetividade, engloba a totalidade do processo e toma-se capaz não apenas de datar o curso dos acontecimentos, mas de pensar com significação histórica todo o processo da realidade [...]. (1969, p. 524)

Neste processo, Vieira Pinto assevera:

> [...] Os fatos que eram apenas temporais tornam-se agora históricos, podem ser datados, o que significa receberem uma qualificação de origem consciente, pois supõe um ponto de referência, o presente, que somente existe para uma consciência que se percebe *presente* no mundo. Sendo datados, entram em linha de sucessão, o que permite pensar as transformações objetivas não em termos de simples transitividade, de passagem de um a

outro, de sucessividade, mas segundo a categoria racional e dialética de *processo*. (1969, p. 524)

A perspectiva apresentada por AVP traz a dialética como processo de compreensão da existência do homem no mundo da natureza e no mundo humano. Nada é simples na vida do homem. O ato de comer, beber, vestir-se e se abrigar se tornam atos perenes desde o afastamento da barreira natural a qual vivia o homem em seu estado natural. No longo devir do homem, a natureza e a sociabilidade trazem o caráter das lutas diárias pela vida, no qual o homem age, constrói relações de trabalho sobre processos constitutivos de organização, o que determina em dada relação do homem com a natureza, criando um determinado modo de produção e de sociabilidade presente em quaisquer formações humanas. O domínio sobre o tempo possibilita aos homens historicizarem-se na história e nas suas relações existenciais pelo trabalho, tornando criador da cultura e da educação no processo de reprodução social.

## Trabalho, cultura e educação na materialidade no devir do homem

> O ato de agir sobre a natureza transformando-a em função das necessidades humanas é o que conhecemos pelo nome de trabalho. Podemos, pois, dizer que a essência do homem é o trabalho. Mas o sentido marxista de essência humana não é o da metafísica: como o conjunto das propriedades imutáveis e eternas do homem, como algo dado ao homem, uma dádiva divina ou natural. Ao contrário, a essência humana é usada no sentido de característica fundamental dos homens, sendo esta produzida pelos próprios homens. O que o homem é, o é pelo trabalho. A essência do homem é um feito humano. É um trabalho que se desenvolve, se aprofunda e se complexifica ao longo do tempo: é um processo histórico. (LOMBARDI, 2011, p. 103).

No devir do homem há um processo de apropriação da natureza pelo ser humano de forma perene. A Natureza é uma extensão da vida do homem, cuja existência é externa ao homem, que a transforma e a adapta para si por meio do trabalho. Por ser extensão, se torna objeto de domínio para a produção da existência da vida e, com ela, formas de sociabilidades humanas, cuja relação homem e natureza é mediada pelo ato do trabalho, que engendra a vida do homem, tornando-o humano-social, portanto, um ser hominizado e humanizado pelo trabalho. Nesta perspectiva, Paro argumenta:

> Se o que caracteriza o ser humano e o diferencia dos demais seres da natureza é sua não-indiferença com relação ao mundo, que o leva a criar valores e a fazer deles objetivos que ele busca alcançar, o que lhe possibilita a concretização dessa diferença é precisamente a atividade que ele desenvolve para concretizar esse fim, ou seja, o trabalho humano. (1999, p. 106)

Do ponto de vista de Lazzareschi, "o trabalho é [...] uma ação humanizadora da nossa espécie animal, isto é, humanizadora do próprio ser humano por ser a única ação a nos diferenciar de outros animais". (2016, p. 1). Nesta perspectiva, assevera Vieira Pinto:

> [...] a sociabilidade dos homens surgiu e foi se desenvolvendo em formas diversas ao longo do tempo, por efeito do modo particular como esses seres se relacionaram com a natureza no provimento das condições indispensáveis à sustentação da sua vida, por efeito das necessidades impostas pela execução dessa relação vital com o mundo natural, numa palavra, como resultado do trabalho. (1962, p. 9)

Para AVP, o trabalho tem em si um fator ontológico, cuja existência real torna seu executor um ser capaz de reproduzir sua essência humana e sua existência material, mas em processos, em desenvolvimento social de forma dialética e, neste processo, desenvolve forças produtivas capaz de produzir formações sociais, cultura, educação etc., em conformidade com a organização estabelecida no mundo do trabalho, sempre em contradição social. Neste processo, a educação cumpre com um papel histórico, conforme expressa Vieira Pinto, pois "[...] a educação é histórica não porque se executa no tempo, mas porque é um processo de formação do homem para o novo da cultura, do trabalho, de sua autoconsciência". (1993, p. 34-35). Corroboram nossas reflexões os estudos de Ciavatta, que concebe o trabalho não somente nas suas formas históricas de existência, mas "[...] também como atividade ontológica, fundamental, por meio do qual se reproduz a vida, se cria a cultura e se estabelecem as relações entre os seres humanos (2010, p. 35). Sob estas premissas, corrobora Vieira Pinto, argumentando:

> [...] o trabalho é a via de acesso à realidade. Por ele o mundo se abre à consciência, e isso tanto mais perfeitamente quanto opera sobre partes cada vez mais amplas do real. De fato, não há outro modo de captar o real senão introduzir-se na sua mobilidade, esposando-lhe a dinâmica; o meio único de realizar a união do homem com o mundo é a ação [...]. (1960, p. 61)

Com efeito, Vieira Pinto manifesta:

> [...] À luz de uma percepção rigorosa do processo do desenvolvimento biológico da espécie humana, particularmente na fase em que ingressa nas condições sociais de produção da existência, o termo que realmente importa é o denominado «cultura». Nele se reflete o processo graças ao qual a espécie, em vias de hominização e, mais tarde, plenamente integrada em comunidade social de trabalho, vem resolvendo as contradições que lhe são impostas pelas relações com o ambiente natural,

de onde deve retirar os bens de que necessita para subsistir, e com os quais estabelece necessariamente sociais. No curso desse processo desenvolve-se sua percepção dos objetos e fenômenos do mundo e das relações que ligam cada indivíduo aos demais, e esta percepção alcança a forma de ideias abstratas, gerais, que, num grau avançado do conhecimento, sendo transmitidas de geração a geração, como herança de uma práxis comum, de transformação técnica do mundo, vêm a constituir o que se denomina de cultura [...]. (1970, p. 8-9)

O caráter material da sociedade se manifesta nas reflexões de AVP, que observa a dialética presente no mundo humano e nas realizações humanas constitutivas nos modos de produção, cuja base material se assenta em relações de trabalho e, com ela, uma determinada manifestação cultural que nasce nessas relações. No trabalho, o homem satisfaz suas necessidades produzindo os bens necessários à vida e, nesta produção, desenvolve técnicas de trabalho, produzem conhecimento e cultura e, assevera AVP, tomam ciência do mundo e do desenvolvimento social sob o mundo em que o indivíduo age em sociedade. Mas a presença do homem em sociedade não se dá em abstração. O homem real vive em sociedade e nas sociedades estabelecidas em classes sociais antagônicas, determinado homem age por coação na luta pela vida, pois o modo de produção determina um tipo de homem que é condicionado a viver sob condições adversas à sua vontade. Na luta pela vida, o homem se adapta à formação social e, sobre ela, age. Não obstante, Fromm assevera:

> O homem pode ajustar-se à escravidão, mas reage ante isso diminuindo suas qualidades intelectuais e morais; pode ajustar-se a uma cultura pejada de desconfiança e hostilidade mútuas, mas reage a isso tornando-se fraco e estéril. O homem pode ajustar-se a condições culturais

que impõem a repressão dos impulsos sexuais, porém ao conseguir tal ajustamento [...] ele desenvolve sintomas neuróticos. Pode ajustar-se quase a quaisquer padrões culturais, mas na medida em que estes se opuserem à sua natureza, nele se produzirão distúrbios mentais e emocionais que acabarão obrigando-o a modificar aquelas condições já que não pode modificar sua natureza. (1963, p. 30)

Com efeito, AVP também parte das reflexões sobre a adaptabilidade do homem na luta pela vida, cuja existência ele necessita produzir de forma contínua e, nesse processo, ele busca sua sobrevivência individual e da própria espécie. AVP diz-nos sobre a adaptação do homem ao mundo humano-natural que como o homem se adapta ao mundo que ele criou, ele também se adapta às formações humanas também criadas no devir histórico do homem. Nela, a adaptação é um processo de luta pela vida, conforme apontou Fromm e AVP. Com efeito, Vieira Pinto constata:

A ciência é a forma de resposta adaptativa de que somente o homem se revela capaz por ser o animal que vende as resistências do meio mediante o conhecimento dos fenômenos, ou seja, mediante a produção da sua existência – a individual e a da espécie. Adapta-se ao mundo porque o adapta a si, ao descobrir as razões lógicas das coisas e dos acontecimentos, e ao modificá-las de tal maneira que sirvam ao propósito de assegurar sua subsistência. (1969, p. 83)

Com efeito, Einsten afirma o primado da constituição cultural como um processo histórico que os homens recebem no devir histórico da vida em sociedade. Dessa forma, Einsten escreveu:

O homem adquire à nascença, através da hereditariedade, uma constituição biológica que devemos considerar fixa ou inalterável, incluindo os desejos naturais que são características da espécie humana. Além disso, durante a sua vida, adquire uma constituição cultural que adota da sociedade através da comunicação e através de muitos outros tipos de influências. É esta constituição cultural que, com a passagem do tempo, está sujeita à mudança e que determina, em larga medida, a relação entre o indivíduo e a sociedade. (1949, s/p)

Nas reflexões de AVP e Einsten, há um elo que liga a produção da vida do homem ao ser constituído socialmente pela cultura, cuja presença no mundo humano se manifesta no devir do homem de forma orgânica e, posteriormente, se torna social, as quais se condicionam, ligam e fundam o homem hominizado e humanizado pelo trabalho, que em seu processo de enraizamento histórico cria uma determinada cultura, que corresponde ao modo de produzir a vida e, com ela, as formas de relacionamento social, espiritual, educacional etc., construídas na materialidade da vida. Com efeito, Vieira Pinto assegura:

> A cultura é, por conseguinte, coetânea do processo de hominização, não tem data de nascimento definida nem forma distintiva inicial. A criação da cultura e a criação do homem são na verdade duas faces de um só e mesmo processo, que passa de principalmente orgânico na primeira fase a principalmente social na segunda, sem, contudo, em qualquer momento deixarem de estar presentes os dois aspectos e de se condicionarem reciprocamente. [...]. (1969, p. 122)

Do ponto de vista de AVP, cultura é uma manifestação direta do processo de hominização, cuja criação advêm da forma de produzir a vida sob as condições dadas e encontradas na natureza em que o homem agirá para a reprodução da vida. Nela, a luta pela vida se torna permanente, cujo ato de hominização torna o homem um ser destinado a viver na natureza e este viver o transforma e transforma também a natureza em que ele vive. Nela, há uma natureza transformada pelo trabalho, ou seja, há uma natureza sob a qual o homem agiu e a transformou para si de acordo com a ciência e os processos formativos experienciados no devir histórico do homem na produção de bens necessários à vida. Com efeito, Vieira Pinto assevera:

> [...] Genericamente, todo resultado da ação produtiva exercida pelo homem sobre o mundo pode chamar-se 'bem de produção, porque original e ontologicamente está destinado a produzir a existência daquele que o produz. Este conceito adquire, assim, extrema amplitude, pois não só inclui os objetos fabricados para fins vitais específicos – as alterações das condições do ambiente em que o indivíduo se aloja, tanto quanto as próprias modificações corpóreas do ser humano – como vale também para as representações, ideias, noções e juízos elaborados na esfera do pensamento reflexivo da realidade [...]. (1969, p. 85-86)

Neste devir, a qualidade da vida do homem é dada pela forma de produzir a vida, que é condicionada pela natureza em que o homem vive e a transforma em objeto para si, pois ele tem ação produtiva e esta ação traz um resultado sobre sua ação, que é a natureza transformada pela amanualidade humana. Ela pode ser chamada de bem de produção, pois possui uma originalidade e uma base ontológica, cuja premissa está em produzir a existência de quem produz. No devir do homem, Vieira Pinto diz-nos:

> O homem é um ser destinado a viver necessariamente na natureza. Apenas, o que se entende por 'natureza' em cada fase histórica corresponde a uma realidade diferente. Se no início era o mundo espontaneamente constituído, agora que o civilizado consegue cercar-se de produtos fabricados pela arte e pela ciência, serão

estes que formarão para ele a nova 'natureza'. (2005, p. 37)

O ato de viver no mundo é um ato determinado pelo trabalho, no qual o homem se torna criador e criatura. Nele, manifesta todo o conhecimento acumulado pela espécie em seu devir sob o qual ele toma consciência do mundo e materializa em forma de ciência, que é a produção do conhecimento e cria conceitos universais que possibilita ao homem a investigação sobre os mesmos. Neste aspecto, toda ciência é criação do homem, cuja materialidade produz formas de investigação sobre os processos criados pelos homens ao produzirem bens necessários à vida. Com ela, ocorre o desenvolvimento da natureza do trabalho sob uma determinada representação criada pela investigação, pois, no processo de investigação, as categorias estão presentes no objeto. Como ser que toma ciência do mundo criado, o homem cria também as formas de investigação dos objetos criados por meio da investigação. Nela, o mundo se objetiva e se apresenta em seus fenômenos históricos. Cabe ao homem da ciência desvendá-la por meio do pensamento dialético, pois este capta os processos históricos em sua totalidade. Em consonância, Vieira Pinto sustenta:

> [...] A ciência é uma criação do homem, que descobre a possibilidade de transpor para o plano subjetivo o que é real objetivamente O homem, ao criar a ciência. descobre que a cria, ou seja, toma consciência da unidade destes aspectos contrários: sua penetração no âmago da realidade, pela práxis da pesquisa, e a simultânea transposição em conceitos universais, em proposições e teorias, dos conhecimentos particulares que vai adquirindo um a um [...]. (1969, p. 76)

Nas palavras de AVP está o pressuposto da educação como um processo de ciência, sob o qual o homem cria as condições de transmitir o conhecimento acumulado pelo homem em seu processo histórico-social. Cria a ciência da educação e seus métodos de investigação e de exposição do objeto educacional. Nele, podemos dizer, a cultura escolar faz uma adaptação do conhecimento acumulado em forma de transposição didática, o que permite à sociedade criar um sistema educacional sob o qual a cultura possa ser transmitida no processo de formação humana. No devir do homem, a educação é um fenômeno social, pois encontra-se nos diferentes povos e tempos históricos distintos. Nas sociedades de classe, ela é um fenômeno social da superestrutura, cuja prática pedagógica só pode ser convenientemente entendida em sua exposição se forem didaticamente refletidas sobre a base socioeconômica da sociedade. Nela, há a totalidade sob o qual o homem vive e capta o mundo. Nesta perspectiva, Vieira Pinto argumenta:

> [...] Mas essa transmissão da cultura pela educação, justamente porque supõe a mediação (dialética) da sociedade, na realidade, pelo trabalho concreto dos homens, não é mecânica, e por isso o saber não se comunica inalterado de um indivíduo ao outro. Ao contrário, na passagem de um ao outro, altera-se, torna-se maior pela contribuição da criação intelectual do educador, recebida pela sociedade e considerada por ela como um acréscimo indispensável para ser comunicado ao educando. (1993, p. 40)

Do ponto de vista de AVP, a educação é um ato intencional, cujo processo estabelece a transmissão da cultura acumulada pelo homem em seu devir, que é sempre histórico e social. Nela, há um ato intencional, que é reproduzir socialmente os valores e o modo de vida sob o qual vivem os homens em seus aspectos sociais, morais, políticos, econômicos e culturais. Nesta perspectiva, Viera Pinto diz-nos: "[...] a educação é necessariamente intencional.

Não se pode pretender formar um homem sem um prévio conceito ideal de homem". (1993, p. 35). Nela, há um processo constitutivo de um tipo de homem, criado à imagem e semelhança da sociedade, que, no processo de produção da existência, necessita se reproduzir culturalmente e cultura traz uma totalidade sob a qual vive o homem em sociedade, que em determinada fase histórica, traz as classes sociais e os interesses de classe. Mas, assevera Vieira Pinto:

> [...] O fenômeno de classe não surge imediatamente do fato econômico, mas contém a mediatização pela consciência, a qual forma um plano interposto, qualitativamente distinto, cuja análise deve ser feita com categorias próprias, para chegarmos a saber como se relacionam as transformações do processo material concreto com as estruturas sociais e os fatos culturais que historicamente lhes correspondem [...]. (1960, p. 132)

Nesta perspectiva, Vieira Pinto observa:

> [...] A cultura de cada momento representa a mediação histórica que possibilita a aquisição de outros dados culturais, que condiciona a expansão do conhecimento, sendo possível dizer-se que a cultura, enquanto ideia, imagem, valores, conceitos e teorias científicas, se cria a si mesma por intermédio das operações práticas de descoberta das propriedades dos corpos e da produção econômica dos bens necessários à vida social. A ação do homem, sendo a mediação entre duas ideias, outorga à primeira a qualidade de servir de fundamento para a finalidade da criação da segunda. (1969, p. 137)

Nas reflexões sobre a concepção de educação em AVP, Rodrigues diz-nos:

> [...] A educação que se processa dessa maneira, para Vieira Pinto, precisa superar o seu caráter abstrato, pois

está desvinculada do contexto histórico existencial, e elitista. Ao pensarmos na educação, devemos antes de qualquer coisa compreendê-la a partir da concepção de homem que devemos formar. O conteúdo dessa educação deve emergir das condições materiais e existenciais das massas populares, bem como a ideologia do desenvolvimento nacional deve ser expressão e fenômeno das massas populares. (2016, s/p)

Nota-se na exposição que a educação não é um processo neutro, pois reafirma o primado da sociedade sobre o indivíduo que recebe as ações do meio ambiente e da sociedade sobre sob o qual ele age, se modifica e modifica a vida em sociedade. Neste sentido, escola é um fenômeno social. Nela, afirmou Vieira Pinto, a educação está presente e é o "[...] procedimento pelo qual a sociedade se reproduz a si mesma ao longo de sua duração temporal. Contudo, neste processo de autorreprodução está contida, desde logo, uma contradição [...]" (1993, p. 30) social, cujos interesses de classe se manifestam nas ações pedagógicas e na organização da educação nas sociedades de classes. Em consonância com as premissas listadas, Vieira Pinto observa:

[...] o conhecimento se funda na experiência exterior, provém dela, do mundo que 'aí está' como 'existente bruto', e que, acreditam aquelas escolas, conhecemos no ato de apreendê-lo ou de retirar dele as nossas representações. Falta-lhes, porém, a compreensão de que esse mundo é sempre um país, com determinada conformação social, numa etapa do desenvolvimento da sua cultura e dos seus recursos econômicos, em certo momento da história. (1960, p. 81)

Na consolidação da educação, cria-se as estruturas sob o primado do trabalho. Nela, a sociedade estabelece os princípios sob os quais os homens deverão ser educados sob a demanda da vida social. Ressalto o que Vieira Pinto e Saviani fundamentam o ato educacional: sua intencionalidade, que é uma intencionalidade de classe. Sob o mesmo ponto de vista, Saviani reconhece essa premissa ao destacar:

> [...] todo sistema educacional se estrutura a partir da questão do trabalho, pois o trabalho é a base da existência humana, e os homens se caracterizam como tais na medida em que produzem sua própria existência, a partir de suas necessidades. Trabalhar é agir sobre a natureza, agir sobre a realidade, transformando-a em função dos objetivos, das necessidades humanas. A sociedade se estrutura em função da maneira pela qual se organiza o processo de produção da existência humana, o processo de trabalho. (1986, p. 14)

No processo de formação histórico-social, diz-nos Vieira Pinto:

> A educação não precede o processo de desenvolvimento, acompanha-o contemporaneamente. Entre ambos existe uma tensão dialética que os condiciona mutuamente. Com efeito, cada etapa da realidade contém no seu dinamismo tarefas a executar, a fim de que se transforme na etapa seguinte; são propostas, são desafios à ação humana, que é solicitada por eles a efetivar-se. Mas são ações complexas, a executar sobre uma realidade material difícil de penetrar e de entender. [...] A educação é justamente a consciência destas tarefas e a mobilização dos meios e recursos adequados a executá--las [...]. (1960, p. 188)

Do ponto de vista dos autores pesquisados, o homem – em sua constituição física, corpórea, natural –, é um ser acabado, cuja hereditariedade e genética se manifestam no nascimento. No processo de constituição do ser social, ele necessita da educação para seu processo de formação, pois o homem é um ser em construção. Isso faz do homem um ser criador, cuja essência da vida se dá na produção de sua existência, o qual produz bens socialmente úteis à sociedade. Neste meio de produzir bens materiais – equipamentos, ferramentas, máquinas etc. – ele os produz pelo trabalho e, no processo, produz a cultura e a educação como elo à vida social. Sob essa premissa, AVP nos mostra que o homem é um ser destinado a viver necessariamente na natureza. Nela, ele produz necessariamente a vida por meio do trabalho, sob o qual age sobre a natureza, transformando-a em bens de produção, cuja materialidade se traduz em uma nova natureza, na qual o homem vive, se educa e se firma culturalmente sob o primado do modo de produção de existência da vida material.

## Considerações Finais

Na vida do homem tudo é trabalho e formação humana-cultural. AVP demonstrou a essência do homem-trabalho pelo trabalho criador, cuja amanualidade é o elo sob o qual o homem produz bens socialmente úteis à sociedade. Consequentemente, o homem é um ser que se hominiza pelo trabalho. No processo histórico de produção da vida, ele produz historicamente os modos de produção sob o qual ele produz um tipo de cultura e uma determinada forma de educação para a reprodução humano-social. Aqui, há um ser da natureza, que é o homem, mas não se trata do homem como um ser abstrato. Ele é concreto, é matéria humana, que sob determinado modo de produção se modifica pela estrutura de trabalhado criado no devir histórico, o que implica afirmar que tem um novo homem, um novo tipo de homem que necessita ser educado para a vida social.

Cabe ressaltar que no processo de luta pela vida, o ato singular de comer, beber, vestir-se, se abrigar e amar é tornado ato humano. O homem produz sua vida em consonância com as relações sociais estabelecidas pelo trabalho, mas essas relações são conflituosas, pois estão presentes os elementos da contradição, cujos interesses de classes se manifestam na formação humano-cultural e na forma da reprodução social. Consequentemente, a educação não é neutra, pois traz os interesses de classe na organização da escola. Nela, a classe que domina materialmente a sociedade também a domina culturalmente, pois a classe dominante tem objetivos sociais, sabe o que quer e sabe como fazê-lo e, por isso, exerce sua hegemonia como classe social.

Mediante o exposto, AVP nos mostrou que a cultura é um fazer-se humano no devir do homem. Com ele, desenvolve a ciência, cuja centralidade está na capacidade do homem em produzir os bens socialmente úteis a si e à sociedade. Útil a si, pois a criação de ferramentas, máquinas, equipamentos etc., permite aliviar o trabalho do homem na execução das atividades por ele pensada e executadas para a vida social. Por isso, o desenvolvimento da ciência é também essência da vida, cuja luta diária pela vida dá ao homem a capacidade de criar, inventar e experimentar o resultado do seu trabalho. Também dá ao homem a capacidade de sua reprodução social, mas sempre em condições dadas e encontradas na natureza, que é o ambiente em que o homem, a partir do afastamento da barreira natural, se hominiza e humaniza no processo de trabalho.

# Referências Bibliográficas

BEZERRA NETO, L. **A educação rural no contexto das lutas do MST**. In. ALVES, G. L. (Org.). Educação no campo: recortes no tempo e no espaço. Campinas, SP: Autores Associados, 2009.

BRAVERMAN, H. Trabalho e capital monopolista: a degradação do trabalho no Século XX. 3ª Ed. Rio de Janeiro: Editora Guanabara, 1987.

CIAVATTA, M. O trabalho como fonte de pesquisa: memória, história e fotografia. In. FRIGOTTO, G; _____. A experiência do trabalho e a educação básica. 3ª ed. Rio de Janeiro: Lamparina, 2010.

CHILDE, V. G. **A evolução cultural do homem**. 3ª Ed. Rio de Janeiro: Zahar Editores, 1975.

EINSTEIN, Albert. **Por que socialismo? Maio de 1949. Traduzido por** Ralf Rickli. In. https://www.marxists.org/portugues/einstein/1949/05/socialismo.htm. Acessado em 15/05/2014.

FROMM E. **Conceito marxista do homem**. 2.ª ed. Rio de Janeiro: Zahar Editores, 1962.

_____. **Análise do homem**. Rio de Janeiro, Zahar Editores, 1963.

LAZZARESCHI, N. **Trabalho ou emprego?** In. http://www2.videolivraria.com.br/pdfs/10035.pdf. Acesso em 03 de abril de 2016.

LOMBARDI, J. C. **Educação e Ensino na obra de Marx e Engels.** Campinas, SP: Editora Alínea, 2011.

MARX, Karl. **Contribuição à crítica da economia política.** 2ª ed. São Paulo: Martins Fontes, 1983.

PARA, V. H. **Parem de preparar para o trabalho!!! Reflexões acerca dos efeitos do neoliberalismo sobre a gestão e o papel da escola básica.** In. FERRETTI, C. J. et al. (Org.) Trabalho, formação e currículo: para onde vai a escola? São Paulo: Xamã. 1999. p. 101-121.

_____. O capital para educadores ou aprender e ensinar com gosto a teoria científica do valor. São Paulo: Expressão Popular, 2022.

RODRIGUES, J. P. **Álvaro Vieira Pinto e a educação popular no Brasil.** In Álvaro Vieira Pinto e a educação popular no Brasil (documentário da série 'Grandes Educadores') – PGL. Acesso: 15 abril 2018.

SAVIANI, D. **O nó do ensino de 2º grau. Bimestre**, São Paulo: MEC/INEP; CENAFOR, n. 1, 1986.

SCHAFF, A. **A Concepção Marxista do Indivíduo.** In: VOLPE, D. (Org.). Moral e Sociedade. Rio de Janeiro: Paz e Terra, 1969.

VIEIRA PINTO, Á. **Consciência e Realidade Nacional.** V. 1 Rio de Janeiro: ISEB, 1960.

_____. **Por que os ricos não fazem greve?** Caderno do Povo Brasileiro. Rio de Janeiro: Editora Civilização Brasileira, 1962.

_____. Ciência e Existência: problemas filosóficos da pesquisa científica. Rio de Janeiro: Paz e terra, 1969.

_____. **Civilização & Cultura: Cinco enfoque e um comentário.** Revista de Cultura Vozes, n° 6. Petrópolis, RJ: Editora Vozes LTDA, 1970.

_____. **La demografia como ciencia.** Santiago [Chile]: Centro Latino Americano de Demografia (CELADE), 1975.

_____. **O Conceito de tecnologia.** V. 1. São Paulo: Contratempo, 2005.

_____. **Sete lições sobre educação de adultos.** 8ª ed. São Paulo: Cortez, 1993.

# 8.
# SOBRE A PUBLICAÇÃO DE *"FILOSOFÍA ACTUAL"*: ALGUMAS CONSIDERAÇÕES E CONDICIONANTES SOBRE OS DIREITOS AUTORAIS E A OBRA DE ÁLVARO BORGES VIEIRA PINTO (1909-1987)

*Luiz Ernesto Merkle[41]*
*Rodrigo Freese Gonzatto[42]*
*Mateus Filipe de Lima Pelanda[43]*

## Introdução

Neste ensaio levantamos algumas considerações e hipóteses sobre os direitos autorais de algumas obras de Álvaro Borges Vieira Pinto (1909-1987), comumente chamado apenas por Álvaro

---

41 Professor da Universidade Tecnológica Federal do Paraná

42 Professor da Escola Politécnica da Pontífice Universidade Católica do Paraná.

43 Professor da Universidade Tecnológica Federal do Paraná

Vieira Pinto, Vieira Pinto, ou referenciado pelo acrônimo AVP. Esta investigação foi realizada por Luiz Ernesto Merkle, Rodrigo Freese Gonzatto e Mateus Filipe de Lima Pelanda, especialmente entre 2020-2021, contou com o auxílio de muitas colaborações (a quais agradecemos e mencionamos ao final deste texto), e foi desenvolvida como uma das etapas do longo do processo realizado para a publicação do livro *Filosofía Actual*. Publicado em 2022, Filosofia Actual (VIEIRA PINTO, 2022) utiliza-se das considerações aqui apontadas para obter base legais sobre seus direitos autorais, mas estas são úteis para visualizar caminhos também para novas futuras publicações de obras de Álvaro Vieira Pinto.

Como subsídio a nossas reflexões, tomamos como base as legislações vigentes em momentos e espaços em que seus trabalhos foram redigidos ou publicados. Neste sentido, considerando a produção de Vieira Pinto ao longo de sua trajetória. Por exemplo, diversos textos do autor foram distribuídos sob o escopo de seu trabalho no Serviço Público Federal – tanto enquanto Vieira Pinto atuou como servidor público em cargo de professor, como quando integrava o quadro do Instituto Superior de Estudos Brasileiros (ISEB). Outrossim, quando estava com direitos cassados pela ditadura civil-militar, AVP produziu obras como pessoa física, assim como muitas publicações sob pseudônimos. Cada uma destas situações leva a particularidades no momento de se avaliar os direitos autorais de cada obra. E, ainda assim, há vários outros fatores e condicionantes que podem levar a diferentes casos, interpretações e decisões judiciais, pois no direito autoral, cada publicação é única e precisa ser avaliada em particular.

Todavia, as considerações que trazemos no presente texto, embora não tenham caráter legal, ou mesmo profissional, visam trazer subsídios a decisões a serem tomadas, tanto por herdeiros legais, cessionários, quanto pela comunidade, que tem interesse em (re)editar e republicar parte ou toda a obra, como pelas editoras. Em resumo, tecemos aqui a hipótese de que, em face ao período, por quais instituições públicas foram publicadas e à legislação vigente, pode-se inferir que alguns de seus livros já passaram ao domínio público, por já terem (atualmente) se passado 15 anos após suas publicações por órgão público, incluindo-se aí transcrições mimeografadas de uso na época restrito. Quanto às obras publicadas pelo autor, por editoras comerciais, sob seu nome, ou sob pseudônimo, não obtivemos respostas conclusivas das editoras que o publicaram. Em contatos por telefone, algumas indicaram que, em razão de processos de informatização, estes registros não estavam facilmente acessíveis, ou se perderam ao longo do processo. Outras não responderam ou não sabiam dizer.

Para as análises aqui expostas, assumimos que não houve cessão expressa de direito autoral por parte de Vieira Pinto, exceto nas traduções, já que, na indústria editorial brasileira, geralmente são feitas por contrato. Mas isto é uma ilação bastante fraca e que apenas as editoras que o publicaram podem responder, caso tenha a respectiva documentação. Assumimos também que, mesmo o autor tendo estabelecido matrimônio com Maria Apparecida Fernandes Vieira Pinto (09/02/1911 – 18/10/1997), este foi em regime de separação de bens e o casal não deixou descendentes diretos. Deste modo, apenas os sobrinhos por parte de Vieira Pinto teriam direito às suas obras como herança, o que excluiria – a princípio – os sobrinhos de sua esposa como herdeiros.

Em resumo: se os direitos autorais não foram modificados expressamente (por escrito como demanda a legislação) – seja por termos de cessão, autorizações expressas, testamento formal (instrumentos que não temos conhecimento) ou outros licenciamentos –, é possível dizer que hoje há obras que já passaram ao domínio do comum 15 anos após a publicação e outras que permanecerão sob uso exclusivo até 2058. Considerando que a ordem sucessória não foi modificada pela cessão dos respectivos direitos de Vieira Pinto, de cada uma das obras deste autor e estando ciente de que seu espólio nunca foi concluído por inventário, identificamos hoje dois herdeiros potenciais, um sobrinho e um sobrinho neto do autor.

Em particular, como principal argumento, neste ensaio postulamos que as obras produzidas no âmbito da Missão Cultural Brasileira em Assunção no Paraguai, assim como no Instituto Superior de Estudos Brasileiros no Rio de Janeiro, que foram publicadas formalmente por estas instituições, ou mimeografadas para uso interno (órgãos públicos), caíram em domínio público 15 anos após suas publicações ou registros, conforme a legislação vigente à época, o código civil de 1916 (BRASIL, 1916). Este seria o caso da obra *Filosofia Actual*[44], principal interesse deste capítulo, e de outros documentos relativos a esta mesma Missão Cultural Brasileira.

Todavia, esta hipótese se estende a outras obras, para além de *Filosofía Actual,* como documentos e aulas mimeografadas pelo Instituto Superior de Estudos Brasileiros (ISEB) e não apenas nesta instituição, ou por Vieira Pinto. Trazemos esta possibilidade pela sua importância para outros estudos baseados em fontes bibliográficas e documentais, tal como para a viabilização tanto da circulação como preservação de produções de origem similar. Desde que uma obra ou documento tenha sido produzida e publicada por uma instituição e tenha entrado no domínio do comum, antes da Lei de Direito Autoral de 1998, ela permanece neste domínio. Traremos em seção apropriada este argumento mais detalhado.

---

44 Filosofía Actual é grafado em itálico por ser em espanhol, língua em que foi publicado.

Por outro lado, alertamos a quem nos lê, que muitas editoras universitárias e comerciais que consultamos no afã de publicarmos em livro a obra *Filosofía Actual*, ao apresentamos os argumentos aqui delineados, não sentiram confiança jurídica suficiente para promover sua publicação, e, sem realizar investigação própria, preferiram assumir que tais obras irão cair no domínio do comum apenas após no ano seguinte aos 70 anos do falecimento de quem as produziu.

Quanto aos direitos sobre outras obras, como as redigidas ou publicadas como pessoa física (não vinculadas ao trabalho em órgãos públicos, por exemplo), a hipótese mais consistente indica que seus direitos patrimoniais seriam dos respectivos herdeiros, ou de terceiros – caso tenham sido cedidos por contrato. Nestes casos, sua exploração é exclusiva por 70 anos após falecimento de quem os produziu, a partir do início do ano subsequente. No caso de Vieira Pinto, como ele faleceu em 1987, tal período vai até primeiro de janeiro de 2058 (ano subsequente a 1987+70). Esta é uma data importante para a comunidade que estuda suas obras e, sobretudo, para as pessoas e instituições que almejam publicá-lo, pois isto exige a autorização ou cessão de quem detém estes direitos de autor.

O caso, da tese de concurso, tem suas especificidades e é um caso de fronteira, pois, embora um concurso e a respectiva documentação gerada sejam públicos ao momento de sua produção (por ser ato público, segundo o Código civil de 1916), não se pode dizer o mesmo de publicações associadas ou referenciadas nestes processos. Embora a defesa da tese ou memorial possam ser públicos, não se pode dizer o mesmo das produções propriamente ditas. Mais adiante, em seção apropriada, entraremos em mais detalhes.

É neste intuito que tecemos algumas das considerações a seguir, mais detalhadamente, buscando articular as legislações e os direitos autorais relativos às obras de Álvaro Borges Vieira Pinto, pautados pelo interesse em contribuir para a preservação e a circulação do legado deixado por ele, quiçá facilitando a publicação ou a circulação de algumas de suas obras. Que nos desculpem a insistência, mas reiteramos que tomaremos como principal foco de análise a obra *Filosofía Actual*, pois foi durante a preparação destas notas de aula e no enfrentamento de suas dificuldades que levantamos as hipóteses aqui delineadas.

Este ensaio está organizado do seguinte modo: na seção **Álvaro Borges Vieira Pinto (1909 - 1987),** apresentamos um resumo de dados biográficos do autor, seu matrimônio e parentescos relevantes ao assunto da propriedade das obras, assim como sua árvore sucessória; em A produção bibliográfica de Álvaro Borges Vieira Pinto, listamos as principais obras que ainda estão em circulação, em livrarias, editoras e sebos, assim como os livros produzidos pelo autor em espanhol, nunca traduzidos para o português; na seção Sobre direitos autorais em diferentes períodos e legislações, buscamos apresentar uma relação direta entre a produção das obras com as legislações vigentes em cada período; em Sobre os direitos autorais da obra de Vieira Pinto, apresentamos o ano em que todos os trabalhos do autor caem, potencialmente, em domínio público, além de listarmos as obras que já poderiam ser compreendidas como pertencentes ao domínio do comum. Também fazemos algumas considerações pontuais sobre direitos autorais do livro *Filosofia Actual* e algumas considerações sobre o direito autoral de traduções realizadas por AVP. Ao final, em Considerações Finais, resumimos os principais pontos de contribuição a respeito dos direitos autorais do autor, apresentamos comentários sobre a reedição de *Filosofia Actual* e dissertamos sobre a consideração e a autorização de atuais direitos patrimoniais da obra de Álvaro Borges Vieira Pinto. Além disso, ao final do ensaio, incluímos uma lista atualizada da obra de Álvaro Vieira Pinto (Apêndice A). Relembramos à exaustão que este texto é um ensaio, redigido por interessados na obra de Vieira Pinto, mas leigos em termos da doutrina legal. Mesmo que fosse redigido por pessoa formada em Direito, apenas passando pela justiça e seus processos teriam validade legal, sejam contratos, inventário, autorizações e etc. Nosso intuito neste artigo, é trazer algumas destas implicações para o conhecimento da comunidade que o tem estudado, inclusive para balizar suas decisões de investimento, para a própria família e respectivos herdeiros, para as editoras, para o mercado editorial e para a sociedade em geral, que pode ter interesse em outras obras, de outras pessoas, e possa vir a entender que uma obra tida como de uso exclusivo já está no domínio do comum.

## Álvaro Borges Vieira Pinto (1909 - 1987)

Álvaro Borges Vieira Pinto nasceu em 11 de novembro de 1909, em Campos dos Goytacazes, no estado do Rio de Janeiro, na região sudeste do Brasil. O autor vem a falecer no Rio de Janeiro (RJ) em 11 de junho de 1987, de parada cardiorrespiratória, com 77 anos e 7 meses (CÔRTES, 2003, p. 315, 323; FÁVERI, 2014, p. 93-94):

> Álvaro Vieira Pinto foi um pensador brasileiro, autor de vasta e profunda produção intelectual, que ainda necessita ser revisitada, para debates e estudos aprofundados. Conhecido pela influência que suas ideias exerceram nas concepções de educação e pedagogia crítica de Paulo Freire, os desdobramentos de sua obra são notadamente mais amplos do que tem sido reconhecido. Vieira Pinto participou dos grandes debates de sua época, tendo sido uma referência para estudantes e intelectuais de sua

geração. Deixou-nos um legado que, apesar de certo apagamento ocorrido durante a ditadura civil militar brasileira, ainda hoje oferece contribuições para a práxis na condição de subdesenvolvimento, e sua sempre postergada profunda transformação. (GONZATTO; MERKLE, 2018a, p. 171)

Vieira Pinto tem seus direitos políticos cassados em 13 de junho de 1964, com base no artigo 10 do Ato Institucional n⁰ 1 de 09 de abril de 1964, o que corta seu vínculo como servidor público até 28 de agosto de 1979, quando é promulgada a Lei de Anistia. Informações e datas como essas, são relevantes para os argumentos deste ensaio e eventuais desdobramentos, pois alteram o status de sua produção durante o regime de exceção civil-militar. A professora Norma Côrtes nos lembra:

> Em 13 de abril de 1964, o governo decreta a extinção do Instituto [ISEB]. Logo em seguida, é instaurado o IPM[45] no qual são arroladas mais de 50 pessoas entre os professores, os Ministros da Educação Clóvis Salgado, Paulo de Tarso e Oliveira Brito, vários deputados e três Presidentes da República – JK, Jânio e João Goulart. (2003, p. 321, adição nossa)

Álvaro casou-se[46] em 12 de junho de 1964 com Maria Aparecida Fernandes[47] (Maria Apparecida Fernandes Vieira Pinto, nome de casada) (FÁVERI, 2014, p. 94), oficial de administração

---

45 IPM se lê como Inquéritos Policiais Militares.

46 Segundo Mariza Urban, por telefone, em 2021, o regime do casamento do casamento foi em separação total de bens, o que tem implicações em termos de herança, pois apenas a família de quem tem a posse dos bens partilha dos bens.

47 Muitas referências a Maria Apparecida grafam seu segundo nome apenas com um 'p', como Aparecida, inclusive em documentos oficiais.

do Ministério da Educação e Cultura (MEC) que trabalhou no Instituto Superior de Estudos Brasileiros (ISEB) como secretária geral desde o início do órgão. O casal viveu juntos desde então e não deixou descendentes. Com base em depoimento de Mariza Urban, Fáveri relata:

> Em 12 de junho de 1964, casou-se com Maria Aparecida Fernandes, que passou a ser chamada pelo mesmo nome, acrescido de Vieira Pinto. Essa relação iniciou-se no ISEB, onde ela ocupava o cargo de secretária[48], desde sua criação junto com a irmã Lourdes que era escriturária do mesmo órgão. Segundo parentes mais próximos, o casamento foi oficializado com separação de bens, em virtude da idade dos nubentes, acima dos cinquenta e cinco anos, antes de Álvaro sair do país às pressas. Segundo o que apuramos junto aos seus parentes, a decisão de casar deveu-se aos fatos de ambos se sentirem mais em segurança, quando das adversidades que iriam passar no exílio, e a busca de um apoio legal útil frente à mudança radical de vida devido à perseguição militar que sofriam. Assim que se realizou o matrimônio, imediatamente abandonaram o país. Desse casamento não houve descendência. (2014, p. 94)

Em setembro de 1964, o autor pede asilo à Iugoslávia (CÔRTES, 2003), onde passa um ano em exílio e depois transfere-se para o Chile, retornando ao Brasil apenas em 1968, em

---

48  Maria Apparecida entrou no serviço público em 18 de janeiro de 1932, na Inspetoria Sanitária da Marinha Mercante, como Servente. Passa a Escriturária em 1936, ao quadro suplementar em 1941, ao quadro permanente em 1944, a Oficial Administrativa em 1947. Depois, é lotada no TUM-MEC (TUM se lê como "Tabela Única de Extranumerário Mensalista", MEC como "Ministério da Educação e Cultura") e trabalha no ISEB (1955-1964). Em 1973 é exonerada como Oficial de Administração, no nível 16C, do antigo QP-PP-MEC. "QP-PP" se lê como "Quadro de Pessoal – Parte Permanente". Anistiada, retorna ao serviço público em 1980, quando se aposenta, aos 69 anos de idade.

data anterior ao Ato Institucional n[0] 5 de 13 de dezembro de 1968. Vieira Pinto passa a viver praticamente excluído da vida pública e recluso em seu apartamento com a esposa, Maria Apparecida Fernandes Vieira Pinto, passando a atuar como tradutor sob vários pseudônimos[49], sobretudo para a Editora Vozes (CÔRTES, 2003).

Álvaro Borges Vieira Pinto e Maria Apparecida Fernandes casaram em separação total de bens. Na ausência de descendentes (filhos) e ascendentes (pai ou mãe), foram seus irmãos que herdaram seus bens. Estes tiveram apenas dois herdeiros diretos, a Sra. Mariza Urban e o Sr. Marcelo Siqueira Vieira Pinto, filha e filho do Sr. Arnaldo Borges Vieira Pinto e da Sra. Maria Rosa Siqueira Vieira Pinto. Os outros irmãos, Ernani e Laura, não deixaram descendentes. Neste caso, os herdeiros legais passam a ser mãe e pai, ou irmãos e irmãs, e assim por diante, e no caso de suas faltas, seus herdeiros e herdeiras. Apenas quando não há herdeiros quaisquer, é que os bens ficam para a união.

O inventário de Álvaro Borges Vieira Pinto[50] possuía até recentemente por inventariante a Sra. Mariza Urban. Todavia, este ainda estava em tramitação, e aguardando anulação de bem imóvel por não herdeiro[51], o que não cabe detalhamento neste texto.

---

49 Os pseudônimos conhecidos utilizados por Vieira Pinto foram Francisco M. Guimarães, Mariano Ferreira e Floriano de Souza Fernandes (GONZATTO; MERKLE, 2017, p. 296); (CÔRTES, 2003, p. 323).

50 Constam online menções a 2 processos de Espólio de Álvaro Borges Vieira Pinto em Direitos Oficiais: https://www.jusbrasil.com.br/processos/nome/100701989/ espolio-de-alvaro-borges-vieira-pinto. Acesso em: 30 de julho, 2023.

51 Comunicação e correspondência pessoal entre Mariza Urban e Luiz Ernesto Merkle, por telefone e WhatsApp, em meados de 2021. Uma das motivações iniciais para a redação deste ensaio foi responder a uma demanda da Sra. Mariza, que, em conversa, me pediu a Luiz Ernesto Merkle um assessoramento na questão de direitos autorais, com vistas a publicação das obras de seu tio, mas ciente das

A Sra. Mariza Urban (Mariza Siqueira Vieira Pinto, 19/10/1938 – 18/08/2021) faleceu recentemente. Sabe-se que teve três filhos: Christian (falecido), Marcelo (falecido) e Erik Nils Christian Urban, sendo este último seu herdeiro.

Do que se tem conhecimento atualmente, os herdeiros legais dos bens de Álvaro Borges Vieira Pinto e, consequentemente, são também herdeiros de sua obra autoral. Atualmente (julho de 2023), os dois herdeiros identificados são: i) Marcelo Siqueira Vieira Pinto (11/03/1943 –), herdeiro consanguíneo colateral (sobrinho de Álvaro Borges Vieira Pinto); é filho de Arnaldo Borges Vieira Pinto (irmão de Álvaro Vieira Pinto), já falecido; ii) Erik Nils Christian Urban (1961 –), em consanguíneo colateral em (sobrinho neto de Álvaro Borges Vieira Pinto); é filho de Mariza Urban (sobrinha de Álvaro Borges Vieira Pinto), já falecida, herdeira consanguínea colateral em 4º grau.

Buscamos atualizar a árvore sucessória (quem são os parentes que herdariam seus bens), a partir de ilustração fornecida pela própria Sra. Mariza Urban. A Figura 1 retrata a situação atual, já atualizada com o herdeiro da Sra. Mariza, o Sr. Erik.

Até o início de 2021, as informações que tínhamos disponíveis nos indicavam poucas opções para a publicação das obras de Vieira Pinto, salvo aguardar a finalização de seu inventário, pois só posteriormente seria possível a autorização dos detentores legais dos direitos de autor sobre estas obras para eventuais publicações.

Entretanto, o envolvimento dos autores deste ensaio com o movimento de Acesso Aberto, sobretudo no contexto da pandemia, assim como as demandas de licenciamento aberto na universidade, nos levou a buscar aprofundamento de algumas

---

dificuldades com o inventário e outros processos relacionados aos bens de Vieira Pinto.

destas questões. Fortuitamente, a leitura de um trabalho de José de Oliveira Ascensão (ASCENSÃO, 2008) sobre a questão do domínio público nos levou a levantar a alternativa que nos permitiu elaborar estas considerações, ao mencionar as mudanças de legislação de direito autoral e ao domínio do comum. Tais informações se mostram cruciais para quaisquer esforços e entendimentos necessários à republicação ou publicação das obras de Vieira Pinto.

**Figura 1.** Árvore genealógica Vieira Pinto

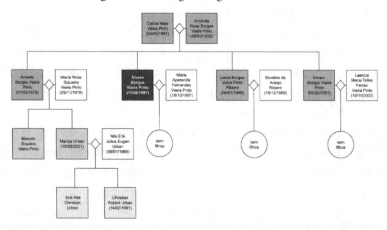

**Fonte:** Autoria própria. Árvore desenvolvida com base em documentos de Ação de Anulação de Compra e Venda c/c reintegração de posse relacionada ao espólio de Álvaro Borges Vieira Pinto (Conexão 0047169-10.2002.8.19.0001, de mn&n advocacia),9 e de documentos de óbito obtidos via acervo do sítio eletrônico FamilySearch.

## A Produção Bibliográfica de Álvaro Borges Vieira Pinto

Em estudos anteriores (GONZATTO; MERKLE, 2018a, 2021, 2017) realizamos uma análise e catalogação prévia da obra conhecida de Álvaro Vieira Pinto. Em apêndice neste ensaio, incluímos essa lista elaborada por nós já atualizada com todas as obras conhecidas de Álvaro Borges Vieira Pinto (ver APÊNDICE A, agregado a este documento). A seguir, discorremos sobre alguns pontos de interesse.

Atualmente, em 2023, seis obras são acessíveis comercialmente e estão à venda em livrarias e/ou por editoras, e uma está disponível em pdf sem custos, mas podendo ser adquirida impressa. O restante se encontra somente disponível em bibliotecas ou sebos, por estarem há décadas sem receber novas edições ou reimpressões. Destas obras acessíveis comercialmente, conforme editoras, podemos listar: i) Civilização Brasileira: Porque os ricos não fazem greve; ii) Editora Contraponto: a) O conceito de tecnologia (Vol. I e II) [versão impressa e versão ebook[52]], b) A Sociologia dos Países Subdesenvolvidos, c) Ciência e Existência [versão impressa e versão ebook], d) Consciência e Realidade Nacional (Vol I e II) [versão impressa e versão ebook] e e) Ideologia e Desenvolvimento Nacional (cujo livro foi incluso como capítulo na obra "O Brasil de João Goulart: um projeto de nação", da mesma editora); iii) Editora Cortez: a) Sete Lições sobre Educação de Adultos (2010), sendo a 16a edição (2ª reimpressão) a última conhecida e b) A Questão da Universidade (1994), sendo a 2a edição, a última conhecida[53]; iv) Editora Paz e Terra (fora de edição): Ciência e existência: Problemas filosóficos da pesquisa científica; v) Rede Álvaro Vieira Pinto: Filosofia Actual: Notas de aulas

---

52  A Lei de direito autoral específica que cada obra exige a autorização, inclusive no caso de mudança de suporte. A autorização para uma obra impressa, por exemplo, não permite que seja publicada digitalmente. Isto implica que quaisquer publicações de uso exclusivo exijam a autorização prévia e por escrito dos respectivos detentores dos direitos autorais.

53  A primeira edição, de 1962, foi publicada pela União Nacional dos Estudantes/ Editora Universitária. Depois a editora Cortez re-publica a primeira edição, em 1986, em parceria entre Cortez Editora e Autores Associados.

por José María Rivarola Matto; vi) Centro Latino-americano de Demografia[54]: El Pensamiento crítico en demografía. Santiago de Chile: Centro Latinoamericano de Demografía ("El pensamiento crítico en demografía" foi publicado apenas no Chile, e ainda não tendo sido traduzido para o português) e vii) Outros textos taquigrafados, mimeografados, no ISEB, e dois quando estava no Chile, sob instituições chilenas: a) Curso Regular de Filosofia[55], b) Anotações sobre Hegel[56], c) Fundamentos Históricos-Antropológicos de la Educación de Adultos[57] e d) La demografia como ciência[58].

Outros casos, como de edições publicadas em português e depois publicadas em outros países[59], ou textos de entrevistas em jornais e revistas, não abordaremos aqui. Porém, como os demais, estes também exigiriam um tratamento individualizado, pois as políticas de licenciamento variam conforme o veículo, periódicos ou meios de publicação. Isto será importante de se levantar caso em algum momento se almeje reunir tais textos em coletâneas

---

54  Hoje a denominada Comisión Económica para América Latina y el Caribe, é um órgão da Comisión Económica para América Latina y el Caribe (CEPAL), vinculado às Nações Unidas.

55  Ministério da Educação e Cultura. Instituto Superior de Estudos Brasileiros (ISEB), 1958. 137 pp.

56  Mimeografado. Rio de Janeiro: Instituto Superior de Estudos Brasileiros, 1961. [incompleto, não publicado, não revisado pelo autor] 76 pp.

57  Curso de Capacitacion para Educadores de Adultos. Instituto Superior del Magisterio, Jefatura Planes Extraordinários, Educacion de Adultos, Subsecretaria de Educación. Santiago de Chile, Chile [realizado entre 1966-1967]

58  Santiago de Chile: Centro Latinoamericano de Demografía (CELADE), 1975. 30 pp.

59  Por exemplo, a obra publicada em 1975 pela Editora DiAbril, em Portugal, "Os ricos não fazem greve – porquê?".

dedicadas ao autor ou obras completas. Pela legislação de direito autoral, cada obra ainda de uso exclusivo de quem detiver os direitos autorais requer a autorização ou cessão expressa para ser utilizada por terceiros.

## Sobre Direitos Autorais em Diferentes Períodos e Legislações

As produções do espírito de qualquer autor ou autora devem ser analisadas perante o marco legal da época em que foram produzidas. No caso da obra de Álvaro Borges Vieira Pinto, sua produção perpassa ao menos três grandes períodos, regulados respectivamente pelo código civil de 1916, pela lei de direitos autorais número 5.988/1973 e pela lei de Direito Autoral (LDA) de Nº 9.610/1998, ainda vigente. Ao decorrer dos próximos subtópicos buscaremos apontar alguns cruzamentos entre a produção de Vieira Pinto, ao longo de sua trajetória, e artigos de leis de direitos autorais pertinentes para apresentarmos as principais hipóteses sobre a direitos de autor das obras de Vieira Pinto, se ainda de uso exclusivo ou se já no domínio do comum.

## O código civil de 1916

O código civil de 1916 era vigente quando Álvaro Vieira Pinto produziu seus textos de juventude, ainda na década de 1920, assim como na época em que publicou textos de divulgação científica, no início dos 1940, quando prestou concurso para catedrático, em 1949, e no período em que publicou sua tese, em 1950. Além disso, na década de 1950, o mesmo conjunto de leis era vigente quando Vieira Pinto ministrou o curso de filosofia no Paraguai que deu origem às notas de aula compiladas em *Filosofía Actual,* assim como na época em que publicou a obra sob os auspícios do Instituto Superior de Estudos Brasileiros (ISEB). Sendo o ISEB um órgão público, segue-se o artigo 662 do Código Civil de 1916, capítulo sexto, que estabelecia um prazo de *quinze (15) anos* para a administração pública manter os direitos sobre uma obra, período após o qual caiam em domínio público:

> Capítulo VI – Da Propriedade Literária, Científica e Artística [...]
>
> Art. 662. As obras publicadas pelo Governo Federal, Estadual ou Municipal, não sendo atos públicos e documentos oficiais, caem, quinze anos depois da publicação, no domínio comum. (BRASIL, 1916)

Ou seja, o Código Civil de 1916 indica que "não sendo atos públicos", que geram obras, entram mediatamente em Domínio Público.

A ata da tese de concurso de 1949 seria o caso, mas a tese não. Inclusive, vale realçar que o domínio público permite a exploração comercial. Exige-se que tais processos sejam transparentes e que o acesso à tese seja propiciado, inclusive para validação, mas não se outorgam todos os direitos de exploração[60].

Os desdobramentos do Código Civil de 1916 são claros. As produções no âmbito do governo federal, estadual e municipal caem no domínio do comum após publicadas. Cada obra, portanto, tem um prazo de uso exclusivo de 15 anos, após o qual todos têm direito de fazer uso dela. Ressalta-se que, no Brasil, os direitos

---

60 Agradecemos as considerações do Prof. Pedro de Perdigão Lana em versão rascunho deste texto, ao nos alertar que a tese de Vieira Pinto defendida em concurso público, apesar deste ser público, não caía imediatamente no domínio do comum, como no caso da ata de defesa, e a outras contribuições significativas.

morais são perpétuos. Assim, o autor, ou a autora, sempre precisará ser mencionado, atribuindo-lhe a autoria.

## A Lei 5.988 de 1973, que "regula os direitos autorais e dá outras providências"

Em 14 de dezembro de 1973, a Lei nº 5.988 passa a regular os direitos autorais. Esta mantém explicitamente a pertença dos "manuscritos de seus arquivos, bibliotecas ou repartições":

> Disposições Preliminares [...]
>
> Art. 5º Não caem no domínio da União, do Estado, do Distrito Federal ou dos Municípios, as obras simplesmente por eles subvencionadas.
>
> Parágrafo único. Pertencem a União, aos Estados, ao Distrito Federal ou aos Municípios, os manuscritos de seus arquivos, bibliotecas ou repartições. (BRASIL, 1973)

Além disso, o período de uso exclusivo de 15 anos é mantido, mas a redação é levemente modificada, passando a se restringir às obras encomendadas pela União e pelos estados, conforme o artigo 46:

> Capítulo III – Dos Direitos Patrimoniais do Autor e de sua Duração
>
> Art. 46. Protegem-se por 15 anos a contar, respectivamente, da publicação ou da reedição, as obras encomendadas pela União e pelos estados, municípios e Distrito Federal. (BRASIL, 1973)

A distinção entre encomendada e subvencionada implica que uma obra produzida ou encomendada pela união tem os direitos protegidos por quinze anos, sob a Lei nº 5.988 de 1973, após o qual cai no domínio do comum. Isto é alterado com a Lei de 1998. Obras subvencionadas, entretanto, mantém os direitos protegidos por mais tempo.

## A Lei 9.610, de 1998, que "altera, atualiza e consolida a legislação sobre direitos autorais e dá outras providências"

A lei vigente em 2023 é a lei do direito autoral promulgada em 19 de fevereiro de 1998, conhecida como Lei de Direito Autoral (LDA). Essa lei estende o período de uso exclusivo de 60 para 70 anos, ao ano subsequente à morte do autor.

> Art. 41. Os direitos patrimoniais do autor perduram por setenta anos contados de 1º de janeiro do ano subseqüente ao de seu falecimento, obedecida a ordem sucessória da lei civil. (BRASIL, 1998)

O especialista em direitos autorais, prof. Christiano V. C. Lacorte (LACORTE, 2014) realça que o código civil de 1916, por sua sistematicidade no tratamento dos direitos autorais, já estabelecia um período de proteção "bastante reduzido para obras" publicadas em tal foro, o da união, em contraste ao "comparado com o prazo de proteção das demais obras, cujo prazo de proteção era de sessenta anos após o falecimento do autor". Lacorte dá continuidade a seu argumento, afirmando que:

> o parágrafo único tem seu teor replicado no artigo 6º da LDA ("não serão de domínio da união, dos estados, do distrito Federal ou dos municípios as obras por eles simplesmente subvencionadas"); porém, não há na nossa lei presente nenhum dispositivo equiparável ao sistema de proteção autoral (inciso II do artigo 661 daquele código), e certamente essa lacuna torna a lei atual

menos eficiente sob a ótica do interesse público, já que a previsão legal de conceder o domínio das obras encomendadas e publicadas pela administração no mínimo evitaria que contratos mal elaborados trouxessem incertezas na questão acerca da propriedade dessas obras. (2014, p. 84–85, 2012, p. 96–97)

Mas com a LDA de 1998, tal prazo de uso exclusivo de obras produzidas no âmbito da união não é mencionado e, portanto, podemos concluir que recaem no mesmo período de 70 anos das demais obras. Ou seja, caso não seja especificado em contrato, tal prazo na prática foi estendido de 15 para 70 anos após o falecimento de quem a produziu, a partir do início do ano subsequente.

A lei de 1998 aparenta assim ser omissa em relação à produção artística e cultural desenvolvidas pela ou por solicitação da União. Mas as obras que caíram no domínio do comum, antes de 1998, como seria o caso das obras publicadas pelo ISEB e pela Missão Cultural Brasileira, por exemplo, não retornam ao exclusivo. Ascensão[61] (2008, p. 33–34), ao tratar das questões de domínio público, mais especificamente das "prorrogações de prazo e as obras já tombadas no domínio público", afirma que "direitos patrimoniais licitamente constituídos não podem ser suprimidos sem mais, pois tal equivaleria a um confisco", do que se pode inferir que uma vez no comum não deveriam retornar ao exclusivo.

Casais da Silva comenta e reforça que houve um retrocesso em termos de interesse público com a LDA de 1998. Ela afirma:

---

61 Agradecemos o esclarecimento do Prof. Marcos Wachowicz, quem gentilmente nos confirmou por telefone a pertinência da hipótese que levantamos ao final de 2020, como leigos no assunto, de que algumas obras de Vieira Pinto poderiam estar no domínio comum, em função de terem sido publicadas por órgãos públicos. Isto nos permitiu prosseguir a busca por alternativas que facilitassem a publicação de algumas obras e os trâmites para tal.

> Quando o objeto de proteção for bem público, não é razoável aplicar a ele o tempo de proteção atualmente previsto pela Lei 9.610/98, pois em termos de adequação específica, houve um retrocesso jurídico na aplicabilidade dos princípios constitucionais administrativos para nortearem este ramo público. (2015, p. 68)

Os desdobramentos e as implicações de tais leis demandam que cada produção e publicação seja analisada individualmente, levando em consideração por quem, onde e quando foi publicada, se há herdeiros ou não, ou houve cessão de direitos autorais a terceiros.

## Sobre Os Direitos Autorais da Obra de Vieira Pinto

As obras de Vieira Pinto que tenham sido produzidas como pessoa física, forçadamente desvinculada do serviço público, por ter seus direitos cassados (e não a serviço de órgãos do Estado, por exemplo), só cairão em domínio público após 70 anos, a partir de 1º de janeiro do ano subsequente ao falecimento do autor.

Também é o caso das obras redigidas como professor, mas não publicadas por órgão público. Assim, mesmo as obras de juventude conhecidas, produzidas a partir de 1928, e os artigos em periódicos científicos, só caem em domínio público em 1º de janeiro de 2058, visto que Vieira Pinto faleceu em 1 de junho de 1987, portanto, o ano seguinte ao falecimento do autor é 1º de janeiro de 1988.

A exceção está em obras redigidas como professor, e que foram publicadas por órgão público, tais como as que escreveu para o ISEB e para a Missão Cultural Brasileira, pois estas publicações caíram em domínio público antes da lei de direitos autorais de 1998.

## Sobre a obra Filosofia Actual: notas de aulas por José Maria Rivarola Matto

Partimos então para a análise em particular da obra Filosofia Actual, objeto principal desta investigação. Apresentando o contexto em que esta obra se insere, a Profa. Norma Côrtes escreveu a introdução para a edição do livro *Filosofia Actual* preparada por nós:

> Mantida por vinte anos, a Missão Cultural Brasileira (MCB) durou de 1951 a 1974, tendo sido uma das mais profícuas ações diplomáticas desse novo padrão de convivência entre Brasil e Paraguai. (...) vários importantes intelectuais foram chamados a participar da MCB (...) (CÔRTES, 2022, p. 08)

No início da década de 1950, de autorização à participação em 1951 à relatório parcial em 1954, Vieira Pinto participa da Missão Cultural Brasileira (MCB) no Paraguai. O curso que resulta na posterior transcrição por Rivarola Matto, intitulado *Filosofia Actual*, foi ministrado em 1954, como atesta a data do relatório, mas publicado apenas em 1957, como consta em sua primeira capa (VIEIRA PINTO, 1957).

> Ainda em 1951, em [9 de junho] o Presidente da República [publica em jornal que] assina decreto (ATOS E DESPACHOS..., 1951a) autorizando o professor Álvaro Borges Vieira Pinto a integrar a Missão Cultural Brasileira em Assunção, Paraguai. Em 1952, recebe o título de Doutor Honoris Causa da Universidade Nacional do Paraguai (DE MÊS A MÊS, 1952). Sobre as atividades desenvolvidas na Faculdade de Filosofia de Assunção, Vieira Pinto posteriormente escreve um relatório (Ofício no 299, de 12 nov. 1954, da Embaixada Brasileira, documento elaborado para a Secretaria do Estado das Relações Exteriores),

defendendo a continuidade da Missão Cultural Brasileira no Paraguai (CHEDID; MORAES, 2007; MORAES, 2000)." (GONZATTO; MERKLE, 2018b, p. 179, adição nossa)[62]

Vieira Pinto participou da MCB, em meados de 1954. Não era a primeira (e nem seria a última) vez em que se envolvia intelectualmente nas atividades culturais do Estado brasileiro. Antes, em meados da década de 1940, ele havia assumido a coluna mensal da Revista Cultura Política, tendo aí publicado uma série de artigos de divulgação científica. E, depois, logo em seguida a sua participação na MCB no Paraguai, já nos anos JK e Jango, esteve à frente do Instituto Superior de Estudos Brasileiros (ISEB) - ocasião em que escreveu sua obra prima, Consciência e Realidade Nacional (1960). Sua adesão à MCB, com efeito, respondia positivamente a mais um convite oficial, que havia sido feito em virtude de ele reunir todas as qualidades intelectuais necessárias: afinal, era professor catedrático de História da Filosofia da FNFi, um erudito nos estudos filosóficos, dono de loquacidade invejável, com surpreendentes habilidades didáticas, etc. (CÔRTES, 2022, p. 10)

Vieira Pinto participou também da elaboração de outros documentos, como o relatório do Ofício n⁰ 299, de 12/11/1954, da Embaixada Brasileira para a Secretaria do Estado das Relações Exteriores (Arquivo Histórico do Itamarati, Rio de Janeiro):

O relatório apresentado em 1954, pelo professor Álvaro Vieira Pinto, sobre as atividades que desenvolveu na

---

62 Ver: Atos e Despachos do Presidente da República. A Manhã, Rio de Janeiro, 9 jun. 1951. p. 4. Disponível em: http://memoria.bn.br/DocReader/DocReader.aspx?-bib=116408&PagFis=53584 Aparentemente, Vieira Pinto também esteve em Assunção em 1951, como aponta o pagamento em: Atos e despachos do Presente da República. A Manhã, Rio de Janeiro, 31 ago. 1951. p. 4. Disponível em: http://memoria.bn.br/docreader/DocReader.aspx?bib=116408&pagfis=54684.

> Faculdade de Filosofia de Assunção, não deixa dúvidas sobre a importância e significado desempenhado pela Missão Cultural e pelos professores brasileiros no Paraguai: "[...] não se abra mão da posição conquistada, antes seja mantido sempre um professor brasileiro de filosofia na Faculdade de Filosofia de Assunção, como meio dos que reputo dos mais valiosos, não só para a representação da nossa cultura, como para a influência que possamos exercer sobre o desenvolvimento das novas gerações de intelectuais paraguaios. (MORAES, 2000, p. 101)

E assim tem-se conhecimento de uma obra resultante da Missão Cultural Brasileira em Assunção, a apostila *Filosofia Actual*, publicada em 1957:

> Em 1957 será publicada a transcrição de suas aulas no Paraguai, reunidas pelo escritor José Maria Rivarola Matto, na apostila Filosofía actual (VIEIRA PINTO, 1957), escrita em espanhol (FÁVERI, 2014). Revista e aprovada por Vieira Pinto em maio de 1956, a apostila apresenta as bases de discussão sobre o pensamento filosófico contemporâneo, especialmente da fenomenologia e do existencialismo a partir de autores como Søren Kierkegaard, Martín Heidegger, Jean-Paul Sartre e Karl Jaspers (CÔRTES, 2003). (GONZATTO; MERKLE, 2018b, p. 179)

*Filosofia Actual* foi publicada em 1957, e circulou como apostila datilografada. Porém, a obra não possuía reedição e somente era acessível por suas raras cópias físicas fotocopiadas.

Em 2014 a pesquisadora da UFRJ, Norma Côrtes, vai até a UTFPR (Curitiba), afim de participar de uma banca de mestrado, quando empresta um facsímile de sua cópia pessoal da apostila do *Filosofia Actual* para Luiz Ernesto Merkle e Rodrigo Freese Gonzatto, buscando que esta pudesse chegar à comunidade. A obra era de difícil acesso, e não conseguimos empréstimo da biblioteca da UFRJ, onde constava no acervo, mas aparentemente não foi encontrada. Luiz Ernesto Merkle realiza a digitalização da obra, que logo é disponibilizada para consulta a pesquisadoras e pesquisadores interessados.

Entre 2015 e 2016, Luiz Ernesto Merkle inicia a organização de uma nova edição de *Filosofia Actual*, no escopo de pesquisa do PPGTE/UTFPR (Curitiba), em esforço conjunto com seus orientandos, na época: Rodrigo Freese Gonzatto, que realiza digitação; Ana Maria Rivera Fellner, que faz revisão do texto em espanhol, e Claudia Bordin Rodrigues da Silva, que assessora a diagramação. Outros também participam: Silvana de Araújo Vailões, com a revisão do texto em português; e Breno Augusto da Costa e Cristian Cipriani colaboram com revisões

O "boneco" inicial para uma impressão como livro já estava praticamente pronto desde 2017. Diversas editoras foram contatadas por nós, para a publicação da obra. O professor Rafael Rodrigo Mueller, auxiliou no contato com algumas das editoras. Em praticamente todas, as longas trocas de e-mails levavam ao impedimento quanto ao ponto sobre os direitos autorais da obra. A incerteza com os direitos autorais da obra, tanto quanto a falta de recursos e/ou indisposição para realizar investigação, as afastaram do projeto. Assim, a proposta de publicar *Filosofía Actual* ficou engavetada, no aguardo de propostas e negociações.

Foi em 2021 que os primeiros autores deste ensaio decidiram começar, eles mesmos, o presente estudo, visando buscar informações que permitissem demonstrar os aspectos legais que permitem a publicação desta obra, visto que *Filosofia Actual* já se encontra em domínio público (ver subseção abaixo). A motivação para tal empreendimento foi uma solicitação da sobrinha do autor, (Mariza Urban), que, em conversa por telefone, expressou que gostaria de saber mais sobre os direitos autorais da obra do tio, para eventual inclusão no processo de inventário, pois era a inventariante.

O desenvolvimento da presente pesquisa, exposta aqui neste ensaio, acontece entre 2020 e 2021, com Luiz Ernesto Merkle, Rodrigo Freese Gonzatto e Mateus Lima Pelanda elaborando investigação própria a fim de sanar dúvidas. Em novos contatos com editoras, entretanto, estas seguem se afastando do projeto alegando incerteza legal. A publicação de *Filosofía Actual*, como livro, por fim, acontece em 2022, por publicação própria, sob o nome da Rede Álvaro Vieira Pinto, tendo a análise da subseção seguinte como garantia.

## Qual a situação dos direitos autorais de Filosofia Actual?

A partir das informações já apresentadas, como conclusão, podemos responder a pergunta "Quem poderia reivindicar os direitos?" da obra *Filosofía Actual* e obras relativas à Missão Cultural Brasileira, tais como os seguintes documentos associados ao curso em Assunção no Paraguai:

> **Ofício nº299, de 12/11/1954, da Embaixada Brasileira (da Missão Cultural Brasileira no Paraguai)** para a Secretaria do Estado das Relações Exteriores (Arquivo Histórico do Itamarati. Rio de Janeiro).
>
> A apostila de anotações de aula *Filosofía Actual*, editada por José Maria Rivarola, e publicado pela Missão Cultura Brasileira (VIEIRA PINTO, 1957).

Considerando a legislação brasileira, entendemos que estas obras já se encontram em domínio público, por terem sido redigidas e distribuídas sob os auspícios da Missão Cultural Brasileira, órgão federal, do estado, assim como pelo vínculo de Vieira Pinto com o ISEB, também um órgão federal. E, portanto, já caíram imediatamente em Domínio público quinze anos depois de finalizadas. No caso do Ofício, a autoria é exclusivamente de Álvaro Borges Vieira Pinto.

Já no caso das anotações de aula *Filosofía Actual,* esta entrou em domínio público em 1972, ou seja, 15 anos após a publicação em 1957, período regido pelo código civil de 1916. Entretanto, esta obra não foi elaborada apenas por Álvaro Vieira Pinto. A apostila teve a taquigrafia e a edição de José Maria Rivarola Matto e a anuência de Vieira Pinto, que redigiu texto introdutório. Entretanto, a publicação de Filosofia Actual em 2022 foi possível pois o primeiro autor deste ensaio obteve carta de permissão expressa por Manuel Rivarola Mernes, filho de José María Rivarola, o que não trouxe implicações de ter que especular, por exemplo, questões de direitos autorais no Paraguai, por exemplo, a título de ter mais garantias.

## Obras de Álvaro Borges Vieira Pinto em domínio público

Em consideração a estas legislações, e interpretações, levantamos a hipótese de que pelo menos as seguintes obras abaixo já estariam em domínio público:

> A obra *Ideologia e Desenvolvimento Nacional* (VIEIRA PINTO, 1956), publicada pelo ISEB. Entrou em domínio público em 1971 (15 anos após a publicação em 1958, período regido pelo código civil de 1916);
>
> O capítulo de *Introdução* ao livro *Razão e anti-razão em nosso tempo* de Karl Jaspers (VIEIRA PINTO, 1958), que Vieira Pinto traduziu e também foi publicado pelo ISEB. Entrou em domínio público em maio de 1973 (15

anos após a publicação em abril de 1958, período regido pelo código civil de 1916; A mudança da Lei 5.988 só se dá em 14 de dezembro de 1973);

O Prefácio ao livro de Michel Debrun *Ideologia e Realidade* (VIEIRA PINTO, 1959), que entrou em domínio público em outubro de 1974 (15 anos após a publicação em 1957, período regido pela Lei 5.988 de 14 de dezembro de 1973);

A obra *Consciência e Realidade Nacional* (VIEIRA PINTO, 1960a, b), também publicada pelo ISEB. Entraram em domínio público em 1975 e 1976 (segundo Lei 5.988 de 1973, 15 anos após a publicação em setembro de 1960, o volume 1, e julho de 1961, o volume 2)[63].

## Textos mimeografados por instituições públicas brasileiras e internacionais

Quanto aos textos mimeografados por instituições públicas brasileiras pode-se dizer o mesmo, pois foram redigidas sob o poder público, embora para uso interno ao instituto e indicam que não passaram por revisão para publicação. Quanto às publicadas no Chile, apenas uma consulta a estas instituições permitiria confirmar a possibilidade do uso ainda permanecer exclusivo. Entre estas obras, estão: i) VIEIRA PINTO, Álvaro. **Curso Regular de Filosofia**. Ministério da Educação e Cultura. Instituto Superior de Estudos Brasileiros (ISEB), 1958. 137 pp., ii) VIEIRA PINTO, Álvaro. **Anotações sobre Hegel**. Mimeografado. Rio de Janeiro: Instituto Superior de Estudos Brasileiros, 1961. [incompleto, não publicado, não revisado pelo autor] 76 pp., iii) VIEIRA PINTO, Álvaro.

---

63 A informação do mês de publicação está registrada no cólofon de cada volume impresso. Embora o volume 2 seja referenciado como 1960, foi impresso, ao menos na cópia consultada, em junho de 1961.

Fundamentos Históricos-Antropológicos de la Educación de Adultos. Curso de Capacitacion para Educadores de Adultos. Instituto Superior del Magisterio, Jefatura Planes Extraordinários, Educación de Adultos, Subsecretaria de Educación. Santiago de Chile, Chile [realizado entre 1966-1967] e iv) VIEIRA PINTO, Álvaro. *La demografía como ciencia.* Santiago de Chile: Centro Latinoamericano de Demografia (CELADE), 1975. 30 pp.

## Traduções de Álvaro Borges Vieira Pinto: algumas questões

As traduções exigem uma consideração à parte. A Lei de 1998 diz que as obras sob pseudônimo de tradutor não conhecido pertencem à editora, exceto a partir da assunção da autoria pelo próprio tradutor. Portanto, seria necessário aprofundamento sobre as questões de traduções de Vieira Pinto. Abaixo, mencionamos o que se tem conhecimento.

A lei de direitos autorais (1998) diz:

> Art. 40. Tratando-se de obra anônima ou pseudônima, caberá a quem publicá-la o exercício dos direitos patrimoniais do autor.
>
> Parágrafo único. O autor que se der a conhecer assumirá o exercício dos direitos patrimoniais, ressalvados os direitos adquiridos por terceiros.

Tem-se conhecimento que o autor, ao longo da década de 1970, realizou ao menos vinte (20) traduções para a Editora Vozes entre 1970 e 1978, a primeira de Arthur Clarke em seu nome e dezenove (19) outras sob pseudônimos diversos (conforme apontamos anteriormente), e uma para a Editora Civilização Brasileira, também em 1970. Porém consta que a tradução realizada para a Editora Civilização Brasileira, por ter sido realizada durante o período da Ditadura Militar, foi recolhida e destruída por ser de Vladimir Lenin, segundo relato de Ênio da Silveira (GONZATTO; MERKLE, 2017).

Exceto pela de Arthur Clarke – é desconhecido que o autor tenha assumido o pseudônimo. Entretanto, os pseudônimos foram relatados por Maria Apparecida, esposa de Vieira Pinto, conforme afirma a Profa. Norma Côrtes (CÔRTES, 2003) e posteriormente expandida (GONZATTO; MERKLE, 2017). Embora algumas das traduções ainda estejam em edição, a Editora Vozes (por telefone) nos informou que, após a informatização de seus sistemas, não foram mantidos em seus arquivos alguns dos contratos de tradução anteriores. Vale mencionar que, no mercado editorial brasileiro, traduções geralmente são realizadas por contrato e não implicam em pagamentos de direitos autorais proporcionais a vendas. Entretanto, ressalva-se que quaisquer editoras deveriam manter os documentos de cessão destes direitos, pois traduções implicam em direitos autorais também para quem as produziu, precisando ser expressas (impressas e assinadas).

## Publicação De Filosofia Actual e Considerações Finais

Tivemos por objetivo destas considerações levantar algumas condições necessárias para viabilizar a publicação da obra de Álvaro Borges Vieira Pinto, tomando por base: o tipo de regime de seu casamento; ele e sua esposa não terem deixado descendentes; ele ter trabalhado no serviço público; participado de concursos; publicado enquanto vivo em diferentes veículos; realizado traduções; utilizado pseudônimos; e redigido obras publicadas apenas após seu falecimento, frente às legislações então vigentes e as atuais. Isto nos permite indicar que algumas de suas obras caíram imediatamente em domínio público (concurso), outras o fizeram em quinze anos após a primeira publicação ou redação (curso no Paraguai, livros e capítulos pelo ISEB, anotações de aula), e outros, os demais escritos, seriam de direito exclusivo aos detentores dos direitos autorais que, a princípio, caso nenhuma informação nova altere este quadro, como uma cessão de direitos a outrem, seriam o Sr. Marcelo Siqueira Vieira Pinto e Erik Niels Christian Urban até 2058, quando entrarão em domínio público.

A investigação exposta neste ensaio, inclusive, já rendeu frutos. Ela permitiu construir segurança jurídica para encaminhar a publicação da obra *Filosofia Actual* (VIEIRA PINTO, 2022), em edição realizada por nós, pela Rede Álvaro Vieira Pinto[64].

Essa primeira edição em livro inclui a transcrição integral em espanhol das notas de aula de Álvaro Vieira Pinto, mimeografadas e distribuídas em 1957 por iniciativa do advogado e dramaturgo José María Rivarola Matto e apoio da *Misión Cultural Brasileña*, da *Faculdad de Filosofía de Asunción*, Paraguai. O texto recebeu alguns ajustes ortográficos, devidamente marcados pela organização. Além da transcrição e edição da apostila de 1957, em espanhol, a edição agrega uma contextualização redigida por Norma Côrtes: "Diplomacia, Rivalidades Intelectuais e a Filosofía Actual: À guisa de Prefácio", que apresenta a obra e seus autores no respectivo contexto histórico da filosofia e política da época. A obra foi organizada por Luiz Ernesto Merkle (UTFPR), Rodrigo Freese Gonzatto (PUCPR), Norma Côrtes (UFRJ) e Rafael Rodrigo Mueller (UNESC) e várias colaboradoras e colaboradores. As

---

64  Rede Álvaro Vieira Pinto (2023) é um projeto criado e mantido por Luiz Ernesto Merkle e Rodrigo Freese Gonzatto desde 2015, a partir do grupo de pesquisa "Xuê: Participação, interação e computação" da linha de pesquisa em Mediações e Culturas do Programa de Pós-Graduação em Tecnologia e Sociedade da UTFPR (Curitiba-PR).

capas são criação de Rodrigo Freese Gonzatto e apresentam um segmento da costa da América Latina em projeção cartográfica suleada, sobre fotos da Universidad Nacional de Asunción.

A edição também inclui um índice onomástico, que ressalta os autores que Vieira Pinto menciona, assim como um sumário estendido, que compendia os realces destacados por Vieira Pinto e Rivarola na versão mimeografada. Esta edição adiciona algumas ilustrações, como o facsímile da capa da apostila original e das capas de livros que Vieira Pinto menciona em sua introdução. Também inclui referência à paginação original da apostila de 1957, de modo a facilitar a citação e documentos relacionados às aulas, como relatório e documento da Embaixada do Brasil. A obra foi disponibilizada publicamente, de forma gratuita e, mais importante, disponibilizada com uma Licença Creative Commons – 4.0 Internacional, que permite qualquer uso, edição e remix, apenas com a necessidade de indicar autoria da obra original, em reproduções e em obras derivadas.

**Figura 2.** Capas da nova edição do livro Filosofia Actual (2022)

Fonte: Dos autores (VIEIRA PINTO, 2022). Disponibilizada em: cc-by 4.0

Destacamos todos estes elementos da construção desta primeira edição de *Filosofia Actual*, como forma de apontar como a pesquisa sobre o filósofo, as comunidades de estudos, assim como o resgate e memória da produção intelectual brasileira tem a ganhar com (re)elaboração e (re)elaboração de obras, com novas edições e novas formas de apresentar estes textos. Seja facilitando seu acesso, construindo recursos de pesquisa (como o índice e paginação, no caso acima), produzindo contextualizações (como a introdução, e ilustrações) ou mesmo tornando sua leitura mais prazerosa e desejável (como as capas e diagramação), por exemplo.

Assim, com horizonte para o futuro, as formas que as edições e reedições de novas obras vem acontecendo e vão acontecer, necessariamente, exigem a consideração destes condicionantes, além de livre e esclarecida autorização, consentimento ou cessão por parte de seus herdeiros. Há diferentes alternativas para fazê-lo, mas todas passam pela autorização expressa (escrita) destes herdeiros. Não nos cabe aqui indicar ou argumentar quais estariam mais em consonância com o pensamento do autor, com aquelas pessoas que ainda zelam e as que zelaram por seu patrimônio, pela divulgação e circulação de sua obra. Continuaremos procurando aprofundar o contato com os respectivos herdeiros e seus descendentes, com vistas à continuidade do assessoramento que vínhamos oferecendo a Sr. Mariza, e no sentido de atender ao seu desejo de ver a obra do tio publicada, o que também nos interessa. Já fizemos contatos, mas ainda não tivemos retorno ao momento do fechamento deste texto. Mas nos disponibilizamos a trabalhar coletivamente com vistas à facilitação, tanto do reconhecimento deste autor, como pela preservação desta obra e ampliação de seus desdobramentos.

Como fecho, é imprescindível expressar que um ensaio como este não seria necessário se não fosse a violência e a exceção impostas por um regime ditatorial, que retirou e não reconheceu direitos, que torturou e assassinou cidadãos e cidadãs por suas ideias, ou desconsiderou os cuidados que estes e estas merecem por direito, que favoreceu empreendimento escusos e direcionou bens públicos a empreendimentos privados se desdobra em um pesado e irrecuperável empecilho ao bem estar, ao bem viver da população e do país. Infelizmente, a ineptitude de tais regimes, muitas vezes sob o falso álibi da necessidade interessada, exigem o seu enfrentamento.

## Referências Bibliográficas

ASCENSÃO, José de Oliveira. A questão do Domínio Público. *In*: ESTUDOS DE DIREITO DE AUTOR E INTERESSE PÚBLICO, 2008. **Anais do II Congresso de Direito de Autor e Interesse Público** [...]. Florianópolis, SC: Fundação Boiteux, 2008. p. 14–38. Disponível em: https://www.gedai.com.br/wp-content/uploads/2018/08/LIVRO_Estudos-de-Direito-de-Autor-e-Interesse-P%C3%BAblico_-Anais-II-CODAIP.pdf.

**BRASIL. Lei 5.988 de 14 de dezembro de 1973** – Regula os direitos autorais e dá outras providências. Regula os direitos autorais e dá outras providências. 14 dez. 1973. Disponível em: https://legis.senado.leg.br/norma/547864/publicacao/15722790. Acesso em: 12 jul. 2021.

**BRASIL. LEI No 3.071, DE 1o DE JANEIRO DE 1916** -- Código Civil dos Estados Unidos do Brasil. Código Civil dos Estados Unidos do Brasil. 1 jan. 1916. Disponível em: http://www.planalto.gov.br/ccivil_03/leis/l3071.htm. Acesso em: 12 jul. 2021.

**BRASIL. LEI No 9.610, DE 19 DE FEVEREIRO DE 1998.** -- Altera, atualiza e consolida a legislação sobre direitos autorais e dá outras providências. 19 fev. 1998. Disponível em: https://legislacao. presidencia.gov.br/ficha?/legisla/legislacao.nsf/Viw_Identificacao/ lei%209.610-1998&OpenDocument. Acesso em: 20 nov. 2021.

CHEDID, Daniele Reiter; MORAES, Ceres. **A missão cultural brasileira no Paraguai: Uma relação política bilateral.** In: III Seminário Internacional De História: Instituições, Fronteiras e Política Na História Sul-Americana - XIII Seminário do Departamento De História-Iii Fórum do Programa de Pós-Graduação em História, 2007. III Seminário Internacional de História: Instituições, Fronteiras e Política na História Sul-Americana - XIII Seminário do Departamento de História-III Fórum do Programa de Pós-Graduação em História [...]. Maringá, PR: [s. n.], 2007. p. 111–121. Disponível em: http://www.pph.uem.br/iiisih/pdf/118.pdf.

CÔRTES, Norma. **Diplomacia, Rivalidades Intelectuais e a Filosofia Actual: à Guisa de Prefácio.** In: VIEIRA PINTO, Álvaro; RIVAROLA MATTO, José María. **Filosofía Actual:** Notas de aulas por José María Rivarola Matto. 1. ed. Curitiba, PR / Criciúma, SC: ediunesc e EDUTFPR, 2022. p. 7-15 (versão rascunho).

_____. **Esperança e democracia: as idéias de Álvaro Vieira Pinto.** Belo Horizonte, MG; Rio de Janeiro, RJ: Editora UFMG; IUPERJ, 2003(Coleção Origem).

FÁVERI, José Ernesto de. Álvaro Vieira Pinto: contribuições à educação libertadora de Paulo Freire. São Paulo: Editora Liber Ars, 2014.

FREITAS, Marcos Cezar de. Álvaro Vieira Pinto: a personagem histórica e sua trama. São Paulo, SP; Bragança Paulista, SP: Cortez Editora, USF-IFAN, 1998.

GONZATTO, Rodrigo Freese; MERKLE, Luiz Ernesto. **A produção intelectual de Álvaro Vieira Pinto: Um roteiro biobibliográfico.** *In*: QUELUZ, Gilson Leandro (org); BRANDÃO, Tiago (org) **Pensamentos e identidades em ciência, tecnologia e sociedade no mundo ibero-americano.** 1. ed. Curitba, PR: EDUTFPR, 2018a. v. 1, p. 169–205. Disponível em: http://repositorio.utfpr.edu.br:8080/jspui/handle/1/5103. Acesso em: 21 maio 2021.

_____. **Rede Álvaro Vieira Pinto. 2021. [Sítio Eletrônico].** Disponível em: http://www.alvarovieirapinto.org/, http://www.alvarovieirapinto.org/. Acesso em: 19 nov. 2021.

_____. Vida e obra de Álvaro Vieira Pinto: um levantamento biobibliográfico. **Revista HISTEDBR On-line**, v. 16, n. 69, p. 286–310, 23 fev. 2017. DOI 10.20396/rho.v16i69.8644246. Disponível em: https://periodicos.sbu.unicamp.br/ojs/index.php/histedbr/article/view/8644246. Acesso em: 19 nov. 2021.

LACORTE, Christiano Vítor de Campos. **A proteção autoral de bens públicos literários e artísticos [recurso eletrônico].** 1. ed. Brasília: Câmara dos deputados: Edições Câmara, 2014. v. 1, (Temas de interesse do Legislativo, 27, Câmara dos deputados). Disponível em: https://livraria.camara.leg.br/a-protecao-autoral-de-bens-publicos-literarios-e-artisticos. Acesso em: 19 nov. 2021.

_____. Bens públicos literários e artísticos: A proteção autoral em face dos princípios administrativos, da função social da propriedade e dos direitos fundamentais de acesso ao conhecimento e à cultura. 2012. 186 f. Dissertação (mestrado) – Universidade Federal de Santa Catarina, Centro de Ciências Jurídicas. Programa de Pós-graduação em Direito, Florianópolis, SC, 2012. Disponível em: http://repositorio.ufsc.br/xmlui/handle/123456789/99258. Acesso em: 19 nov. 2021.

MORAES, Ceres. **Paraguai: a consolidação da ditadura de Stroessner, 1954-1963.** 1. ed. Porto Alegre: EDIPUCRS, 2000. v. 1, (Coleção História).

RIO DE JANEIRO (RJ). **Certidão de óbito [de] Álvaro Borges Vieira Pinto.** [*S. l.*]: Cartório de Registro Civil da 7ª Circunscrição da cidade do Rio de Janeiro no Estado do Rio de Janeiro, 12 nov. 1997.

SAVIANI, Demerval; VIEIRA PINTO, Álvaro. Introdução. **Sete Lições sobre Educação de Adultos.** 16. ed. São Paulo: Cortez, 2010. p. 12–22.

SILVA, Diana Casais da. **Direitos autorais e administração pública:** tratamento projetivo diferenciado às obras literárias e artísticas pertencentes à administração pública. 2015. 78 f. Monografia (Graduação em Direito) – Instituto Três Rios, Universidade Federal Rural do Rio de Janeiro, Três Rios, RJ, 2015. Disponível em: https://itr.ufrrj.br/portal/wp-content/uploads/2017/10/t197.pdf. Acesso em: 19 nov. 2021.

VIEIRA PINTO, Álvaro. **A Sociologia dos Países Subdesenvolvidos:** Introdução metodológica ou prática metodologicamente desenvolvida da ocultação dos fundamentos sociais do "vale de lágrimas". 1. ed. Rio de Janeiro: Contraponto, 2008.

_____. **Consciência e Realidade Nacional: 1o Volume**. Rio de Janeiro: Ministério da Educação e Cultura (MEC) / Instituto Superior de Estudos Brasileiros (ISEB), 1960a. v. 1, (Textos Brasileiros de Filosofia, 1).

_____. **Consciência e Realidade Nacional: 2o Volume**. Rio de Janeiro: Ministério da Educação e Cultura (MEC) / Instituto Superior de Estudos Brasileiros (ISEB), 1960b. v. 2, (Textos Brasileiros de Filosofia, 1).

_____. **Filosofía Actual:** Notas de aula por José Maria Rivarola. Asunción, Paraguay: Misión Cultural Brasileña, 1957(Cursillios Dictados en la Faculdad de Filosofia).

_____. **Ideologia e Desenvolvimento Nacional**. Rio de Janeiro: Ministério da Educação e Cultura - Instituto Superior de Estudos Brasileiros, 1956.

_____. Introdução. *In*: JASPERS, Karl. **Razão e anti-razão em nosso tempo**. Coleção Textos de Filosofia Contemporânea. 1. ed. Rio de Janeiro: Instituto Superior de Estudos Brasileiros (ISEB), 1958.

_____. O Homem que Creou um Mundo. **Feira Literaria**, v. II/ fev, n. Empreza de Divulgação Literária, p. 101–117, 1928.

_____. Prefácio. *In*: DEBRUN, Michel. **Ideologia e Realidade**. Textos Brasileiros de Filosofia. Rio de Janeiro, RJ: ISEB, 1959.

ZIRALDO. Vieira Pinto. **Pasquim**, Rio de Janeiro, RJ, ed. 531, seç. Dicas, p. 30, 1979.

# Apêndice A

## Lista de obras conhecidas de autoria de Álvaro Vieira Pinto (Bibliografia)

Lista da produção bibliográfica (obras e edições) em ordem cronológica de primeira publicação, realizada por Luiz Ernesto Merkle e Rodrigo Freese Gonzatto. Esta lista foi atualizada em 19 de setembro de 2021 a partir de listagens anterior (GONZATTO; MERKLE, 2017; GONZATTO; MERKLE, 2018; GONZATTO; MERKLE, 2021):

VIEIRA PINTO, Alvaro. O Homem que Creou um Mundo. **Feira Literaria**, São Paulo, v.2, p.101–117, fev. 1928a.

VIEIRA PINTO, Álvaro. A vara de condão. **Pelo Brasil**, Rio de Janeiro, ano 1, n. 3. p. 47–50, 10 nov. 1928b.

VIEIRA PINTO, Álvaro. Considerações sobre o milagre: a objecção da conservação da energia. **A Ordem**, Rio de Janeiro, ano 8, v. 1, n. 1, p. 20-29, 1929. (Nova série).

VIEIRA PINTO, Álvaro. Jubileo de S.S. Pio XI. **A Ordem.** Rio de Janeiro, ano 10, v. 2, n.5, p.63–66, fev. 1930.

VIEIRA PINTO, Álvaro. *Sciencias*: a transmutação dos elementos. **Revista do Brasil**, Rio de Janeiro, p. 198–201, ago. 1938.

VIEIRA PINTO, Álvaro. Estudos e pesquisas científicas I. **Cultura Política:** Revista Mensal de Estudos Brasileiros, Rio de Janeiro, n. I, p.264-273, 1941.

VIEIRA PINTO, Álvaro. Estudos e Pesquisas Científicas II. **Cultura Política:** Revista Mensal de Estudos Brasileiros, Rio de Janeiro, n. 2, p. 270–272, 1941.

VIEIRA PINTO, Álvaro. Estudos e pesquisas científicas III: a radioatividade de alguns minerais brasileiros. **Cultura Política:** Revista Mensal de Estudos Brasileiros, Rio de Janeiro, n. 3I, p. 278–280, 1941.

VIEIRA PINTO, Álvaro. Estudos e pesquisas científicas IV. **Cultura Política:** Revista Mensal de Estudos Brasileiros, Rio de Janeiro, n. 5, p. 286–288, 1941.

VIEIRA PINTO, Álvaro. Estudos e pesquisas científicas V. Contribuições Brasileiras à Matemática. **Cultura Política:** Revista Mensal de Estudos Brasileiros, Rio de Janeiro, n. 6, p. 292–294, 1941.

VIEIRA PINTO, Álvaro. Estudos e pesquisas científicas VI. **Cultura Política:** Revista Mensal de Estudos Brasileiros, Rio de Janeiro, n. 7, p. 309–311, 1941.

VIEIRA PINTO, Álvaro. Estudos e pesquisas científicas VII. Contribuições Brasileiras à Matemática. **Cultura Política:** Revista Mensal de Estudos Brasileiros, Rio de Janeiro, n. 8, p. 284-286, 1941.

VIEIRA PINTO, Álvaro. Estudos e pesquisas científicas VIII. Contribuições Brasileiras à Matemática. **Cultura Política:** Revista Mensal de Estudos Brasileiros, Rio de Janeiro, n. 12, p. 256–258, 1942.

VIEIRA PINTO, Álvaro. Estudos e Pesquisas Científicas IX. **Cultura Política:** Revista Mensal de Estudos Brasileiros, Rio de Janeiro, n. 14, p. 238–239, 1942.

VIEIRA PINTO, Álvaro. Considerações sobre a lógica do antigo estoicismo. **Revista da Faculdade Nacional de Filosofia**, Rio de Janeiro, v. 1, p.56–79, 1949a.

- Uma edição fac-similar deste texto foi publicada em: Kléos - Revista de filosofia antiga. Programa de Estudos em Filosofia Antiga, Instituto de Filosofia e Ciências Sociais Universidade Federal do Rio de Janeiro (UFRJ). v. 113/143, n. 13/14, Rio de Janeiro, 2009/10. p.119-143. ISSN: 1517-4735. Disponível em: <http://www.pragma.ifcs.ufrj.br/kleos/K13/K13-AlvaroPinto.pdf>.

VIEIRA PINTO, Álvaro. **Ensaio sobre a dinâmica na cosmologia de Platão.** 1949. Tese (Concurso a Cátedra de História da Filosofia) - Faculdade Nacional de Filosofia, Universidade do Brasil, Rio de Janeiro, 1949b.

VIEIRA PINTO, Álvaro. *Note sur la traduction de Platon, Timée* 43b. *Revue des Études Grecques*. Paris, v. 65, n. 306-308, p.469–473, jul./dez. 1952.

VIEIRA PINTO, Álvaro. **Ideologia e desenvolvimento nacional.** Rio de Janeiro: Ministério da Educação e Cultura; Instituto Superior de Estudos Brasileiros, 1956. 48 p.

- A edição de 1956 foi publicada como capítulo de livro em: VIEIRA PINTO, Álvaro. Ideologia e desenvolvimento nacional. In. MUNTEAL, Oswaldo J.; VENTAPANE, Jacqueline; FREIXO, Adriano de (Org.) **Brasil de João Goulart**: um projeto de nação. Rio de Janeiro: Contraponto/ Editora PUC Rio, 2006. p. 69-92.

VIEIRA PINTO, Álvaro. **Ideologia e desenvolvimento nacional**. 2. ed. Rio de Janeiro: Ministério da Educação e Cultura; Instituto Superior de Estudos Brasileiros, 1959. (Textos Brasileiros de Filosofia, 4).

VIEIRA PINTO, Álvaro. **Ideologia e desenvolvimento nacional**. 3. ed. Rio de Janeiro: Ministério da Educação e Cultura; Instituto Superior de Estudos Brasileiros, 1959. (Textos Brasileiros de Filosofia, 4)

VIEIRA PINTO, Álvaro. **Ideologia e desenvolvimento nacional**. 4. ed. Rio de Janeiro: Ministério da Educação e Cultura; Instituto Superior de Estudos Brasileiros, 1960. 54 p. (Textos Brasileiros de Filosofia, 4)
- Uma edição fac-similar do texto de 1960 foi publicada em: Revista Estudos Políticos. Laboratório de Estudos Hum(e) anos (UFF)/Núcleo de Estudos em Teoria Política (UFRJ). Rio de Janeiro, n. 6, jul. 2013. p.245-344. ISSN: 2177-2851. Disponível em: <https://periodicos.uff.br/revista_estudos_ politicos/article/view/38672>. Acesso em: 26 out. 2021.

VIEIRA PINTO, Álvaro. *Ideología y desarrollo nacional*. Bogotá: *Centro Interamericano de Desarrollo Rural y Reforma Agraria*, 1969. 17 p. 28 cm. Mimeografado.

VIEIRA PINTO, Álvaro. RIVAROLA MATTO, José María (Colab.) *Filosofía actual:* Notas de aula por José Maria Rivarola. Mimeografado. *Asunción, Paraguay: Misión Cultural Brasileña,* 1957. 146 p.

VIEIRA PINTO, Álvaro. *Filosofia actual:* notas de aulas por José Maria Rivarola Matto. Curitiba: Rede Álvaro Vieira Pinto [Rodrigo Freese Gonzatto, Luiz Ernesto Merkle, Norma Côrtes, Rafael Rodrigo Mueller (Orgs.)], 2022.

VIEIRA PINTO, Álvaro. **Curso Regular de Filosofia.** Ministério da Educação e Cultura. Instituto Superior de Estudos Brasileiros (ISEB), 1958.

VIEIRA PINTO, Álvaro. Introdução. In: JASPERS, Karl. **Razão e anti-razão em nosso tempo.** Tradução por Álvaro Vieira Pinto. Rio de Janeiro: Instituto Superior de Estudos Brasileiros, 1958. (Coleção Textos de Filosofia Contemporânea, 1)

VIEIRA PINTO, Álvaro. Prefácio. In: DEBRUN, Michel. **Ideologia e realidade.** Rio de Janeiro: Instituto Superior de Estudos Brasileiros, 1959. (Coleção Textos Brasileiros de Filosofia, 5)

VIEIRA PINTO, Álvaro. **Consciência e realidade nacional.** Rio de Janeiro: Instituto Superior de Estudos Brasileiros, 1960. 2 v. (Coleção Textos Brasileiros de Filosofia, 1)[65]

---

65  A edição é de 1960, pois consta na segunda capa (frontispicio). A impressão do primeiro volume é de setembro de 1960 e do segundo volume de junho de 1961, indicado no colofon. (CÔRTES, 2003, p.320; VIEIRA PINTO 1960a; 1960b)

VIEIRA PINTO, Álvaro. Consciência e realidade nacional. Rio de Janeiro: Contraponto, 2021. 2 v.

VIEIRA PINTO, Álvaro. **Anotações sobre Hegel.** Mimeografado. Rio de Janeiro: Instituto Superior de Estudos Brasileiros, 1961. [incompleto, não publicado, não revisado pelo autor] 76 pp.

VIEIRA PINTO, Álvaro. **A questão da universidade.** Rio de Janeiro: Editora Universitária, 1962a. (Cadernos Universitários, 1)[66]

VIEIRA PINTO, Álvaro. **A questão da universidade.** São Paulo: Cortez, 1986. (Coleção Educação Contemporânea)

VIEIRA PINTO, Álvaro. **A questão da universidade.** 2. ed. São Paulo: Cortez, 1994. (Coleção Educação Contemporânea)

VIEIRA PINTO, Álvaro. **Porque os ricos não fazem greve?** Rio de Janeiro: Civilização Brasileira, 1962b. 120 p. (Cadernos do Povo Brasileiro, 4)

VIEIRA PINTO, Álvaro. **Os ricos não fazem greve – porquê?** Portugal: Editora DiAbril, 1975. 110 p. (Coleção Universidade do Povo, 4)

VIEIRA PINTO, Álvaro. Indicações metodológicas para a definição do subdesenvolvimento. **Revista Brasileira de Ciências Sociais,** Belo Horizonte, v. 3, n. 2, p. 252-279, jul. 1963.

---

66 Existem diversas publicações com menções a uma edição de "A questão da Universidade" datada de 1961, porém não conseguimos acesso a esta.

VIEIRA PINTO, Álvaro. *Fundamentos Históricos-Antropológicos de la Educación de Adultos. Curso de Capacitacion para Educadores de Adultos. Instituto Superior del Magisterio, Jefatura Planes Extraordinários, Educacion de Adultos, Subsecretaria de Educación.* Santiago de Chile, Chile [realizado entre 1966-1967].[67]

VIEIRA PINTO, Álvaro. *El pensamiento crítico en demografía.* Santiago de Chile: Centro Latinoamericano de Demografía (CELADE), 1973. 449 p. (Série E, 8)

VIEIRA PINTO, Álvaro. *La demografía como ciencia.* Santiago de Chile: Centro Latinoamericano de Demografía (CELADE), 1975. 30 p. (Série *Textos de Divulgación*, 1)

VIEIRA PINTO, Álvaro. **Ciência e existência**: problemas filosóficos da pesquisa científica. Rio de Janeiro: Paz e Terra, 1969. (Série Rumos da Cultura Moderna, 20)

VIEIRA PINTO, Álvaro. **Ciência e existência**: problemas filosóficos da pesquisa científica. 2. ed. Rio de Janeiro: Paz e Terra. 1979. (Série Rumos da Cultura Moderna, 20; Coleção Pensamento Crítico, 7)

VIEIRA PINTO, Álvaro. **Ciência e existência**: Problemas filosóficos da pesquisa científica. 3. ed. Rio de Janeiro: Paz e Terra, 1985. (Série Rumos da Cultura Moderna, 20; Coleção Pensamento Crítico, 7)

---

67 Esta obra são notas das lições de aula em espanhol, que posteriormente são publicadas em português na obra "Sete lições sobre educação de adultos".

VIEIRA PINTO, Álvaro. **Ciência e existência**: Problemas filosóficos da pesquisa científica. Rio de Janeiro: Contraponto, 2020. 528 p.

VIEIRA PINTO, Álvaro. **Sete lições sobre educação de adultos.** São Paulo: Cortez, 1982.

- Em levantamento realizado a partir de referências bibliográficas, temos os seguintes anos das edições: 1982, 1984 (2a ed.), 1985 (3a ed.), 1986 (4a ed.), 1987 (5a ed.), 1989 (6a ed.), 1991 (7a ed.), 1993 (8a ed.), 1994 (9a ed.), 1997 (10a ed.), 2000 (11a ed.), 2001 (12a ed.), 2003 (13a ed.), 2005 (14a ed.), 2007 (15a ed.), 2010 (16a ed.).

VIEIRA PINTO, Álvaro. **Sete lições sobre educação de adultos.** 16 ed. São Paulo: Cortez, 2010.

VIEIRA PINTO, Álvaro. **O conceito de tecnologia.** Rio de Janeiro: Contraponto, 2005. 2 v. (Coleção Os desenvolvimentistas)[68]

VIEIRA PINTO, Álvaro. **O conceito de tecnologia.** 2. ed. Rio de Janeiro: Contraponto, 2005. 2 v. Reimpressões: jun. 2008 (1ª reimpr.), out. 2013 (2ª reimpr.)[69].

VIEIRA PINTO, Álvaro. **A sociologia dos países subdesenvolvidos**: Introdução metodológica ou prática metodicamente

---

68 Obra publicada postumamente a partir do manuscrito do autor, escrito em 1973 e revisado em 1974.

69 O sistema de busca da Agência Brasileira de ISBN também recupera uma versão em PDF do volume 1, com ISBN 85-7866-089-7, a qual não consta no acervo da Biblioteca Nacional. Não tivemos acesso a esta obra.

desenvolvida da ocultação dos fundamentos sociais do "vale das lágrimas". Rio de Janeiro: Contraponto, 2008.

Obras de Álvaro Vieira Pinto, citadas por este em entrevista a Demerval Saviani (VIEIRA PINTO, 1984, p.20) publicadas na introdução de "Sete lições sobre educação de adultos", e também mencionadas por Ziraldo Alves Pinto, no Pasquim (ZIRALDO, 1979)[70]. A maioria cujo paradeiro ou destino são desconhecidos pela comunidade:

- **Apontamentos para parasitologia,** mencionado na mini-biografia de Vieira Pinto em texto literário de juventude (VIEIRA PINTO, 1928);
- **Primeira Filosofia – Filosofia Primeira,** (não publicado, localização desconhecida) mencionada em (SAVIANI; VIEIRA PINTO, 2010, p. 20)[71];
- **Considerações éticas para um povo oprimido** (não publicado, localização desconhecida), mencionada em (SAVIANI; VIEIRA PINTO, 2010, p. 20);
- **A crítica da existência** (incompleto, não publicado, localização desconhecida), mencionada em (SAVIANI; VIEIRA PINTO, 2010, p. 20) e (ZIRALDO, 1979);

---

70 Dos livros mencionados por Ziraldo, provavelmente o único publicado é "A Sociologia do Vale de Lágrimas", intitulado como "A sociologia dos países subde-senvolvidos" (VIEIRA PINTO, 2008).

71 Em entrevista a Dermeval Saviani, Vieira Pinto se refere apenas a Filosofia Primeira (SAVIANI; VIEIRA PINTO, 2010, p. 20). O nome completo "Primeira Filosofia – Filosofia Primeira" foi levantado junto a anotações do Acervo de Betty Antunes de Oliveira (Conta como um excerto a ser inserido à página 1109, dati-lografado por Betty Antunes de Oliveira. Anotações breves sobre o Apêndice "As Etapas do Processo Abstrativo", das páginas 1102 a 1118, feitas em 19/11/1976.).

- **A educação para um país oprimido** (não publicado, localização desconhecida), mencionada em (SAVIANI; VIEIRA PINTO, 2010, p. 20);
- Ética (não publicado, localização desconhecida), mencionado em (SAVIANI; VIEIRA PINTO, 2010, p. 20);
- Ética para um país Subdesenvolvido, mencionada em (SAVIANI; VIEIRA PINTO, 2010, p. 20) e (ZIRALDO, 1979);
- **A Pedagogia como processo de renovação do saber**, mencionado por Ziraldo (1979, p. 30);
- **Textos selecionados para o ensino**, mencionado por Marcos Cezar de Freitas (FREITAS, 1998, p. 238); e
- Alguns exemplares da revista **Pelo Brasil**, uma revista católica de variedades, co-editada por Vieira Pinto em 1928 e 1929, e que pode conter textos de sua autoria, mas não conseguimos recuperar todos os exemplares publicados.

# SOBRE OS AUTORES

### DAUTO J. DA SILVEIRA
Cientista Social (Bacharel e Licenciado) e Mestre em Sociologia Política pela Universidade Federal de Santa Catarina. Doutor em Sociologia pela Universidade Federal do Paraná. Pós-doutor em Tecnologia e Sociedade pela Universidade Tecnológica Federal do Paraná.

### MARCOS DANTAS
Professor titular (aposentado) da Escola de Comunicação da UFRJ. Doutor em Engenharia da Produção pela COPPE-UFRJ, é professor e pesquisador dos programas de pós graduação em Comunicação e Cultura (PPGCOM-ECO/UFRJ) e em Ciência da Informação (PPGCI-ECO/IBICT-UFRJ). Lidera o ComMarx – Grupo Marxiano de Pesquisa em Informação, Comunicação e Cultura

### MARCO SCHNEIDER
Pesquisador titular do Instituto Brasileiro de Informação em Ciência e Tecnologia (Ibict). Professor associado do departamento de Comunicação Social da Universidade Federal Fluminense (UFF-Niterói-RJ). Professor dos Programas de Pós-Graduação em Ciência da Informação - PPGCI-Ibict/ECO-UFRJ e Mídia e Cotidiano - PPGMC-UFF. Doutor em Ciências da Comunicação pela Universidade de São Paulo (ECA-USP-2008).

## RENATO RAMOS MARTINI

Doutor em sociologia pela Unesp-Fclar. Professor na Universidade Federal do Tocantins (UFT) 2006/2011. Desde 2011 compõe o quadro de docentes da UFGD, onde atuou no Programa de Pós-Graduação em sociologia entre 2013 e 2016. Trabalha temas relacionados à Sociologia e à Ciência Política com ênfase em pensamento social e político brasileiro.

## ENOQUE FEITOSA

Graduado, Mestre e Doutor em Direito. Doutor em Filosofia. Pós-doutorado em Filosofia e Teoria do Direito. Professor Associado IV na UFPB, onde leciona na Graduação em Direito e nos Doutorados em Direito em Filosofia. É coordenador do Grupo de Pesquisa "Marxismo, Filosofia e Teoria do Direito". E-mail: enoque.feitosa@academico.ufpb.br

## MARCOS AURÉLIO NEVES

Licenciado em Física pelo UFSC. Mestre em Educação pelo PPGE/UFSC. Professor efetivo do Instituto Federal de Educação de Educação IFSC/Campus Florianópolis. Colaborador do Instituto de Estudos Latino Americano/IELA/UFSC. Foi Vice-Diretor do Campus Florianópolis/IFSC - Gestão 2016-2020.

## VANDERLEY AMBONI

Doutor em Educação pela Universidade Federal de São Carlos (UFSCar). Professor no PPG PROFHISTÓRIA e na graduação em História, na Universidade Estadual do Paraná (UNESPAR). Pesquisador do Grupo de Estudos e Pesquisas sobre Educação no Campo (GEPEC). Coordenador do Grupo de Estudos e Pesquisas sobre Educação na Diversidade do Campo (GESPEDIC)

**LUIZ ERNESTO MERKLE**
Graduação em Tecnologia (PPGTE), da Universidade Tecnológica Federal do Paraná (UTFPR), Câmpus Curitiba. Visa estimular, divulgar e tornar acessível o pensamento de Álvaro Borges Vieira Pinto, assim como a pesquisa realizada com e sobre sua obra. Tem contribuído com a pesquisa bibliográfica da obra do autor, assim como na promoção de eventos e publicações sobre e a partir do pensamento deste. Acessível em: https://alvarovieirapinto.org/

**RODRIGO FREESE GONZATTO**
Professor de Design na Pontifícia Universidade Católica do Paraná (PUCPR), Curitiba. Doutor e Mestre em Tecnologia e Sociedade pelo Programa de Pós-Graduação em Tecnologia e Sociedade (PPGTE) da Universidade Tecnológica Federal do Paraná (UTFPR), Curitiba. Especialista em Design de Interação. Graduado em Comunicação Social. Co-fundador da Rede Álvaro Vieira Pinto (Rede AVP).

**MATEUS FELIPE DE LIMA**
Mestre em Tecnologia e Sociedade pelo Programa de Pós-graduação em Tecnologia e Sociedade da Universidade Tecnológica Federal do Paraná (PPGTE - UTFPR). Bacharel em Design pela mesma instituição (UTFPR).

## SOBRE O LIVRO

| | |
|---|---|
| **Imagem da Capa** | Marcelo Cabral Vaz |
| **Projeto Gráfico e Editoração** | Jéfferson Ricardo Lima A. Nunes |
| **Tipologias Utilizadas** | Arno Pro 12/15 pt<br>Noto Serif 11/13 pt |